MEIN FREUND BEUYS

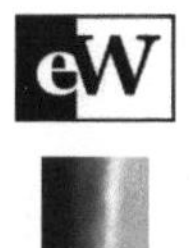

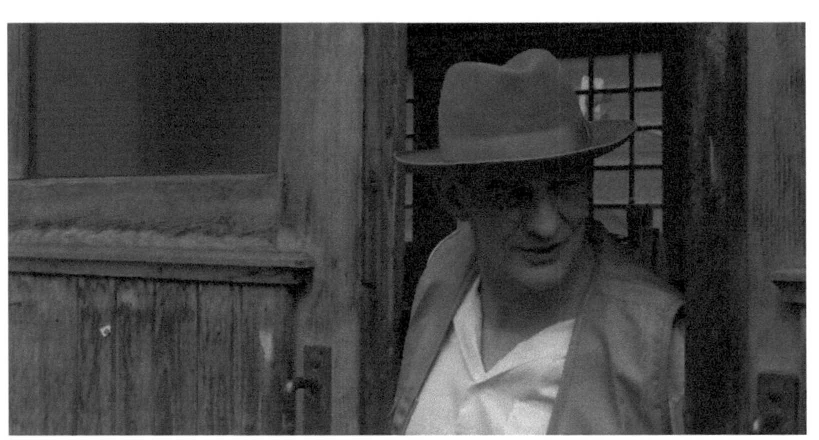

Roman Redzimski (Hrsg.)

präsentiert:

MEIN FREUND BEUYS

Nach dem Drehbuch von
Benjamin Kelm.

Eine biografische Erzählung von
Thomas Bläsius.

editionWort

„Blau sehen und denken! Über die Phänomenologie der Farbgebung Blau: Was fällt einem ein zu blau? Blau ist Polizei. Blaulicht. Blau ist universell. Blau sind die Augen. Blau ist die Kunst!"

Mit diesem Zitat von Claude Jaté aus dem Jahre 1990 möchte ich vorwegnehmen, was nicht zu erklären ist. Die Kunst! Ein großer Begriff an dem sich Philosophen wie Adorno versuchten, doch zu dem Ergebnis kamen, dass es etwas „großes" bleibt. Künstler probieren es umzusetzen, doch woher die Kreativität kommt, kann niemand genau definieren. Ärzte reden von kreativen Gehirnsektionen, die für Vorstellung und Geist wichtig seien, doch konkret kann man nur wissenschaftlich feststellen, dass bei einigen Menschen, das kreative Zentrum des Gehirns ausgeprägter, als bei anderen im Vergleiche sei. Ähnlich verhält es sich auch mit einer Psychose. Eine Psychose muss keinen Ursprung haben, sondern kann auch einfach vorhanden sein, wie in dem Falle von Claude Jaté, was nicht herabwürdigend klingen soll, sondern ein Teil seines Wesens auch als Künstler ist.
  Die Philosophie von Jaté ist in erster Linie das Nichtdurchschaubare, was ihn als Künstler anziehend wirken lässt. Sein Wesen liebt die Geselligkeit an manchen Tagen und den Kontakt zu manchen Künstlern. Ähnlich verhält es sich zu dem Kontakt mit Joseph Beuys. Die autobiografische Verfilmung Jatés beruht auf drei Faktoren:
  (1.) Es gibt die Dokumentation Claude Jaté — The Lord of Jazzband (Chessboard), die Claude

in den Anfangszeiten porträtiert hatte.

(2.) Es gibt eine aktuelle Studie zu dem Film, die belegte, dass Jaté Kontakt zu Joseph Beuys nachweislich hatte. Diese Studie greift auf die Stadt Saarbrücken zurück, die dem Künstler ein Konto bei der Sparkasse Saarbrücken eingerichtet hatte, auf dem ihm Beuys Geld überwies. Die Stadt betreute das Konto parallel und lies uns auf die Ergebnisse zugreifen.

(3.) Es gab die Regieberatung von Werner Redzimski, dem Galeristen der Galerie 48, der sich intensiv Jahrzehnte lang mit der Kunst dieses Mannes und den Hintergründen auseinandergesetzt hatte. Diese Punkte bilden die Essenz des Films Mein Freund Beuys.

Die Herangehensweise fing mit dem Drehbuch an. Niemand geringeres als Benjamin Kelm schrieb das Drehbuch während des Corona-Lockdowns in New York im Jahre 2020.

Basierend auf den Rechercheergebnissen und einer detaillierten Stoffsammlung aus Fakten und dem kunsthistorischem Wissen Werner Redzimskis. Zusammen mit fachlichen Regieeinflüssen zu Dramaturgie und Handlung entstand in New York etwas Großes. Ein Drehbuch, das der Kunst des lebenden Künstlers Claude Jatés gerecht werden sollte.

Priv.-Doz. Dr. med. Ulrich Seidl, Ärztlicher Direktor Chefarzt Facharzt für Psychiatrie und Psychotherapie, Geriatrie Ärztliches Qualitätsmanagement, lies sich das Drehbuch im Vorfeld durch, um die medizinische Authentizität zu prüfen. Drei Stellen wurden daraufhin im Drehbuch angepasst. Besonders der Anfang veränderte sich dahingehend stark. In der ersten Szene sollte ursprünglich das Krankheitsbild genannt werden, doch Dr. Seidl glich diese Szene im

Hinblick der 1980er Jahre an. Damals sagte man den Patienten rein, dass sie „verrückt" seien. Auch die Ansicht der Schizophrenie stellte er in Frage, da er mit dem Krankheitsbild vertraut war. Ein Patient, der sich mehrere Persönlichkeiten einbildete, könnte man aus medizinischer Sicht nicht als „schizophren" bezeichnen, aber aus völkischer Sicht schon.

Sie merken schon, dass die Planung des Filmes keine einfache Sache war, deswegen einigte man sich auf die Begrifflichkeit: „verrückt", ohne den Künstler diskreditieren zu wollen. Beginnen sollte der Film mit der Einweisung in die Psychiatrie in dem der Künstler seine Malerei in der Maltherapie der SHG-Klinik Sonnenberg Güdingen lernen sollte. Es hat den Vorteil, dass man das Krankheitsbild bereits als Zuschauer am Anfang verstehen kann, damit sämtliche Reaktionen, dem zuzuordnen sind. Die Dramaturgie beginnt mit der Entwicklung des Künstlers, durch Umstände und Weiterentwicklungen zu der Kunstfigur Claude Jatés.

Die Intension bei dem ganzen Projekt ist, dass die Kunst Jatés im Vordergrund steht und nicht sein Krankheitsbild. Als Mensch ist Jaté trotz seiner Krankheiten nicht entmündigt, sondern hat eine Betreuung, die manchmal nach dem Rechten sieht.

Wichtig sind die Bilder und Exponate, die im Film verwendet wurden. In einigen der Malszenen musste jedoch Benjamin Kelm, der auch die Hauptrolle spielt, den Malstiel Jatés sich selbst aneignen. Er trainierte sich in Perfektion autodidaktisch diesen Stiel an und performte ihn künstlerisch vor der Kamera. Er wollte Claudes Kunst gerecht werden und dass er auf das gesamte Produkt stolz wäre, wenn er es denn sieht.

Claude Jaté genehmigte das Projekt im Übrigen schriftlich. Der Rückschlag war jedoch, dass er selbst wieder in der Psychiatrie während der Produktion war. Täglich korrespondierten wir mit ihm über die filmische Entwicklung. Claude Jaté freute sich sehr über dieses Projekt und versuchte schnellstmöglich wieder in seine eigene Wohnung zu kommen. Die Klinik unterstütze ihn mit Materialien, die wir ihm zum Malen gegeben hatten. Daraus resultierten neue Kunstwerke, die zum Teil im Film zu sehen sind, wie beispielsweise die bemalte Mütze, die in der Maltherapie auf Benjamin Kelms Kopf zu sehen ist. Ansonsten wurden sich Exponate von Ihm bei Privathaushalten ausgeliehen.

Es gibt auch Szenen im Film mit dem verstorbenen Maler Horst Hübsch, der von Peter Lang, dem Sohn von Joseph Lang, Leiter des Theaters Auersmacher, interpretiert wurde. Die Originale von Hübsch stammen aus einem saarländischen Kunstfundus.

Die Beuys-Werke selbst kommen aus dem Umfeld der Galerie 48, wie auch aus einem Privathaushalt. Die Kulisse wurde in den Szenen mit echten Werken der Künstler ausgestattet, um authentisch zu bleiben. So auch die Werke von Jaté selbst.

Claude Jaté ist berühmt dafür, dass er seine Bilder am Sankt Johanner Markt in Saarbrücken anbietet. Dies wurde auch maßstabsgetreu in Saarbrücken nachinszeniert mit der Auflage, dass die Szenen in den 1980er Jahren spielen sollten. Die Geräuschkulisse vor Ort war trotz der Drehgenehmigung der Stadt Saarbrücken und Absperrungen sehr laut. Daher musste man teilweise improvisieren und auf den perfekten Take hinarbeiten, an dem die Kulisse und der Filmton perfekt waren. Nachsynchronisationen wollte man in erster Linie vermeiden. Der Ton sollte „echt" sein. Ebenso fanden Herausforderungen in den intakten Anstalten der SHG Klinik Güdingen, als auch in der SHG Klinik in Stankt Ingbert statt. Der tagesaktuelle Betrieb musste weiter gehen, daher wurden die Patienten instruiert und man musste auch den perfekten Take eruieren. Was soll man sagen, nach langen Drehtagen hat es funktioniert und die Produzenten als auch die Kliniken selbst waren stolz auf das, was man gemeinsam erschaffen hatte. Doch diese Leistung war nur mit guten Schauspielern möglich.

Die Schauspieler kamen aus unterschiedlichen Teilen der Großregion, aber auch aus dem nationalen Raum. Weitere Herkünfte aus anderen Länder wie der Schweiz, Frankreich, Bulgarien, Polen, Afrika und Italien waren multikulturell vertreten.

Sarah Stock wurde beispielsweise mit der Serie „Das Parfüm" bekannt. Sie spielte am Set die zweite Freundin von Claude, mit der er die Bekanntschaft in der Psychiatrie gemacht hatte.

Isaac Boateng kam aus Kamerun. Seine Präsenz umfasste die „Tatort"-Zusammenarbeit mit Kida Ramadan. Ich lernte ihn damals auf einem Dreh kennen, bei dem er einen farbigen Sultan spielte und selbst einem Hollywood-Schauspieler, dessen Namen ich jetzt nicht nennen möchte, die Show gestohlen hatte. Später erfuhr ich, dass er oft als farbiger Zenturio gebucht wurde. Mir gefiel die Vorstellung in dem Film, dass Claude einen farbigen Banker als Taxifahrer fahren durfte, schließlich hatte die farbige Bevölkerung genug Leid in der Weltgeschichte erlitten.

Aus Polen performte Frank Wagner den Mentor und Freund von Claude. Wichtig dabei war es für den Charakter, dass er auch Schwächen hatte wie Claude, damit eine kommunikative Ebene und Tiefgründigkeit entstehen konnte. Darum wurde ihm eine alkoholische Schwäche mit Suchtproblematik zugeschrieben, die das Bild der Psychiatrie abrunden sollte. Aus Bulgarien kam der Schauspieler Robert Rosenkränzer, der uns freundlicherweise sein Auto für die Taxi-Szenen zu Verfügung gestellt hatte. Es war ein 1970er Ford Gescort mk2 Oldtimer mit einem 1300'er Kent-Motor. Die Farbe war in einem elfenbeingelb, wie bei Taxis aus den 1980er Jahren, schließlich spielte der Film in dieser Zeit. Darauf waren schwarze Rallyestreifen. Auf das Auto wurde ein Taxischild mit Magneten befestig und voilà: Das perfekte Taxi für Claude Jaté war erstellt.

Aus Italien kam Gaetano Francese, der den Chefarzt in der ersten Klinik spielen sollte. Er hatte einen Drehtag und kam direkt mit einem großen Bild in die Zeitung.

Angereist aus Paris kam die Newcomerin Marie-Lou Röll-Carrère. Sie spielte ihre Szene an dem berühmten Sankt Johanner Markt, an dem das Stengel-Dreieck architektonisch endet. Das berühmte Stengel-Dreieck endet an einem Tor, an dem deutliche Freimaurer-Symbole zu erkennen sind.

Zuletzt kamen einige Statisten aus der Schweiz, ansonsten griff man auf nationale Schauspieler zu. Yvonne Laros reiste beispielsweise aus dem Dekanat Trier an. Andere Darsteller wiederum, kamen aus dem Saargebiet.

Die Produktion verlief unproblematisch. Die meiste Arbeit steckte in der Vorbereitung. Alfred Hitchcock sagte einmal, dass die meiste Arbeit das „Drumherum" sei und nicht die Filmproduktion. Er gab der Filmproduktion lediglich nur 20 Prozent des Gesamtaufwands. Mit der Zeit verstand ich was er damit meinte. Nimmt man sich die Etappen der Lizenz, der Charakterausarbeitungen, des Drehbuchschreibens, der Vorfinanzierung, des Castings, der eigentlichen Produktion (20%, inklusive Post-Produktion), der Vertriebs- und Pressearbeit, kommt dieses Ergebnis definitiv hin. Jemand der über 100 Filme gedreht hat, muss in solch einer Aussage recht behalten; auch heute noch!

Und somit beende ich mein Vorwort mit folgendem Hitchcock-Zitat:

„Der Film ist vielleicht die einzige Branche, in der sich mancher als Meister fühlt, bevor seine Lehrzeit überhaupt begonnen hat."

Herzlichst, Ihr

Roman Redzimski, M.A. (Hrsg.)

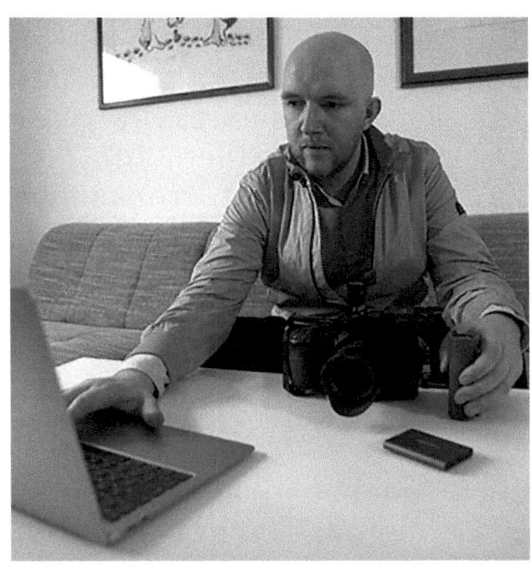

© Foto by André Mailänder
  (Fotograf für *Stern*, *Die Welt*, Hochschuldozent Fotografie)

I.

„Schon wieder so einer." Klaus-Dieter warf einen genervten Blick in den Rückspiegel. Auf der Rückbank seines gelben 1978er Ford Escort saß ein älterer Herr mit überwiegend grauen, langen Haaren. Sein Fahrgast, der tatsächlich nicht so ganz genau wusste, wo er hin wollte. Man sollte eigentlich annehmen, dass man sein Fahrtziel zumindest ungefähr benennen kann, wenn man sich ein Taxi ruft. Das hatte Klaus-Dieter auch mal geglaubt. In den paar Jahren, in denen er jetzt schon in Saarbrücken Taxi fuhr, hatte er allerdings genau das schon so oft erlebt, dass er spontan nicht hätte sagen können, wie oft. Und Fahrgäste ohne konkretes Fahrtziel waren bei Weitem nicht das Absurdeste, was man als Taxifahrer in der saarländischen Landeshauptstadt so erlebte.

Etwas abrupter als unbedingt nötig brachte er sein Fahrzeug zum Stillstand. „Hier fahren wir jetzt schon zum vierten Mal vorbei und Sie sind sich immer noch nicht sicher, ob das die richtige Adresse ist. Also so langsam möchte ich Sie gerne einfach hier rauswerfen …", sagte er über die Schulter zu seinem unentschlossenen Kunden.

„Nein, nein. Ich bitte Sie, lassen Sie uns noch eine Runde drehen. Dann weiß ich es. Versprochen", erwiderte dieser fast schon flehentlich.

„Vielleicht gehen Sie mal auf dem Klingelschild nachsehen. Dann müssten Sie ja erkennen, ob es sich um das richtige Haus handelt. Sollte es doch falsch sein, rufen Sie sich einfach ein anderes Taxi. Aber nicht mich."

„Einmal noch. Bitte, Dann steige ich aus." Der begleitende Hundeblick, den der Fahrgast durch den Rückspiegel nach vorne schickte, schaffte es, den Unmut des Fahrers kurz abzumildern.

„… und bezahlen die Extrarunden mit einem ordentlichen Trinkgeld", schlug dieser missmutig vor.

„Geht in Ordnung, Herr …"
„Schneider."

„Herr Schneider. Meine Frau hat mir extra etwas mehr Geld gegeben für die Taxifahrt. Manfred Fischer mein Name."

Mehr als einen weiteren genervten Blick im Rückspiegel bekam er nicht als Antwort. Klaus-Dieter setzte den Blinker und fuhr erneut um die Straßenecke. Nach ein paar Minuten und einigen weiteren Abbiegungen hielt er das Fahrzeug wieder an. Mit einem freundlichen Lächeln stoppte er den Taxameter und drehte sich vollständig zu seinem Fahrgast herum. „So, da wären wir!"

„Ähm, nein, das ist ja eine ganz andere Straße. Ich habe Ihnen doch gesagt, dass Sie noch eine Runde drehen sollen", entgegnete der ältere Herr doppelt irritiert.Einmal aufgrund des strahlenden Lächelns auf dem Gesicht seines bisher eher grummeligen Taxifahrers und zum anderen ob der Tatsache, dass er keinen Schimmer hatte, wo genau sie sich nun befanden.

„Haben Sie?", das Lächeln ließ ein wenig nach, „Also meiner Meinung nach müssten wir hier richtig sein, Herr Stein. Sie sagten doch, dass Sie in die Ziegelstraße müssen. Und … et voilà, hier sind wir, Monsieur." sagte der deutlich jüngere, während er die Arme ausbreitete, um seinem Fahrgast durch die Windschutzscheibe ihren Zielort zu präsentieren.

Die Aussprache der französischen Wörter war so authentisch, dass Herr Fischer meinte, sich bei den deutschen Worten den Akzent eines Franzosen einzubilden. Hier, so nahe der französichen Grenze war es keine Seltenheit, mit Leuten aus dem Nachbarland zu tun zu haben. Dennoch war sich Herr Fischer sicher, dass der seltsame Kerl vorhin noch völlig akzentfreies Deutsch gesprochen hatte.

„Das macht dann zehn Mark zwanzig und ihr wunderschönstes Lächeln, s'il vous plait.", fuhr der Fahrer fort, als keine weitere Reaktion auf seine Worte erfolgte.

Der Angesprochene starrte ihn an und lachte dann los. „Aah, Sie machen Scherze." Klaus-Dieter zog eine Augenbraue hoch. „Das tun Sie doch, oder? Ich glaube, vorhin waren wir doch in der richtigen Straße. Wenn Sie also so nett wären …"

„Glauben Sie oder wissen Sie es? Da gibt es nämlich einen Unterschied", fragte der junge Mann, während sein breites Lächeln langsam erstarb.

„Hach, ich war mir eben nur nicht ganz sicher. Aber gewiss habe ich nicht Ziegelstraße gesagt und garantiert ist mein Name auch nicht Stein!" So langsam war Herr Fischer wirklich verärgert.

„Jetzt machen Sie aber Witze! Das liebe ich so an meinen Fahrgästen, Sie wollen immer recht haben", sagte Klaus-Dieter jovial, bevor er ernster zufügte: „Aber das mir von der Bundesrepublik Deutschland gegebene Recht ist es, Sie nun abzukassieren. Also dix vingt, tout de suite, s'il vous plait!"

Die auf Französisch wiederholte Geldforderung wurde in einem Tonfall vorgebracht, der in krassem Gegensatz zu dem wieder in seinem Gesicht erschienenen, dieses Mal aber weniger überzeugenden, Lächeln stand. Auch lag diesmal keine Spur von französischem Akzent in den Worten,

wie Herrn Fischer auffiel, während er völlig
perplex langsam seinen Geldbeutel hervorkramte
und den Mann bezahlte.

Am Abend lag Klaus-Dieter erschöpft auf seinem
Sofa und las in einem Roman von Roland Topor.
Nach dem nervigen Fahrgast, der ihm, entgegen
ihrer Absprache, doch kein großzügiges Trinkgeld gegeben hatte, musste er noch drei weitere
Personen befördern. Diese waren zum Glück nicht
so anstrengend gewesen. Nach Feierabend hatte er noch beim nahe seiner Wohnung gelegenen
Plus-Markt gehalten und das Nötigste für sein
Abendessen eingekauft. Nach dem Essen hatte er
sich eine Platte von Bob Dylan aufgelegt und angefangen zu lesen, sich aber nicht richtig konzentrieren können. Irgendetwas an der Begegnung
mit dem unfreundlichen Herrn, der sein Fahrtziel nicht gekannt hatte, beschäftigte ihn. Er
konnte aber partout nicht sagen, was.

Über seine Grübeleien fielen ihm kurz die Augen
zu. Als er dennoch weiterlas bemerkte er, dass
ihm die Handlung auf der aufgeschlagenen Seite
völlig unbekannt vorkam.

„Klaus, du solltest schlafen gehen.", meldete
sich seine innere Stimme. „Du bist müde. Und im
Bett ist es sicherer als hier!"

Gerade noch konnte er sich davon abhalten,
sich selbst laut zuzustimmen.

Nickend stand er auf und betrat das Badezimmer, wobei er den handgeschriebenen Zettel, der
an einer Schnur an der Badezimmertür baumelte,
von ‚frei' auf ‚besetzt' drehte. Er nahm sich
eine der drei Zahnbürsten im Becher am Spiegel
und putzte sich die Zähne. Nach dem Ausspülen
betrachtete er sich lange sehr genau und zog
schließlich eine verzerrte Grimasse.

„Schau mich nicht so an!", giftete er sich

selbst entgegen, bevor er fluchtartig den Raum verließ. Entgegen seiner ursprünglichen Pläne legte er sich wieder auf sein Sofa und las weiter. Seine Konzentration war aber nicht besser geworden. Im Gegenteil. Die Buchstaben verschwammen, sein Kopf begann zu schmerzen. Das machte ihn noch wütender.

„Du musst dir die Zähne putzen und ins Bett gehen", meldete sich beruhigend seine innere Stimme. Er stapfte ins Bad, drehte den Zettel wieder auf ‚besetzt', nahm sich eine weitere Zahnbürste aus dem Becher und strich ohne hinzusehen Zahnpasta darauf, während er sich eingehend im Spiegel musterte. Dann putzte er sich sehr heftig die Zähne. Ein stechender Schmerz durchfuhr ihn. Er hatte mit den festen, ruckartigen Bewegungen sein Zahnfleisch verletzt. Abrupt hielt er inne, spuckte aus, ließ die Zahnbürste fallen und wusch sich den Mund aus. Blut mischte sich im Waschbecken mit Wasser.

Anschließend ging er zu Bett. Nachdem er die Nachttischlampe ausgeschaltet hatte, lag das Zimmer in völliger Finsternis. Allerdings nur wenige Augenblicke, denn dann schaltete Klaus-Dieter die Lampe schon wieder an und ging zurück ins Badezimmer.

Dieses Mal zeigte der Zettel ‚frei' an, nachdem er ihn im Vorbeigehen umgedreht hatte. In Gedanken versunken holte er sich die letzte Zahnbürste aus dem Becher. Nach der Zahnpasta, die sonst immer daneben lag, griff er vergeblich. Als er bewusst nach ihr suchte, bemerkte er, dass sie offen neben dem Wasserhahn lag, wo mittlerweile auch zwei Zahnbürsten lagen, eine davon rötlich verfärbt.

Sichtlich irritiert grübelte er darüber nach, wobei er sich wieder sehr genau im Spiegel musterte. Diesmal zog er aber keine wütende Grimasse, sondern schaute eher etwas verloren drein. Die Zahnbürste stellte er wieder weg, offenbar hatte er seine Zähne schon geputzt. Ruckartig wandte er sich um, wie um nach etwas zu sehen, was er im Spiegel erblickt hatte. Er schaute noch hinter dem Duschvorhang nach und ging dann langsamen Schrittes mit hängendem Kopf zurück ins Schlafzimmer.

Am nächsten Morgen erwachte der junge Mann einigermaßen ausgeruht. Zwar ragte ein leichter Kopfschmerz vom Nacken in seinen Kopfansatz, von dem er hoffte, dass er sich nicht ausbreiten würde, aber abgesehen davon war er guter Dinge und summte leise die Melodie von ‚Absolutely Sweet Marie‘ als er bei strahlendem Sonnenschein aus dem Haus ging. Er machte sich auf den Weg zu seinem Lieblingscafé im Nauwieser Viertel, dem Szene-Viertel in der Saarbrücker Innenstadt. Dort verkauften Sie diese ausgezeichneten Sandwiches, von denen er sich unbedingt noch eins besorgen wollte, bevor er seine heutige Schicht am Taxistand begann.Dort angekommen setzte er sich an einen der Tische, die in dem lauschigen Innenhof aufgebaut waren. Außer seinem waren noch zwei weiterere Tische besetzt. Während er auf die Kellnerin wartete, fragte er sich kurz, warum er sich hingesetzt hatte und was er hier überhaupt wolle. Die hübsche, junge Frau ließ nicht lange auf sich warten und schloss sich seiner inneren Frage an.

„Guten Morgen! Wissen Sie schon, was Sie gerne hätten?“, fragte sie freundlich lächelnd.

„Oh, schöne Frau. Ja. Ähm … Sie sind neu hier, oder“, antwortete Klaus-Dieter unsicherer als er gehofft hatte.

„Ja, genau. Mein zweiter Tag. Was kann ich Ihnen bringen? Oder brauchen Sie noch einen Moment?“ Das Lächeln wurde noch strahlender.

„Nein, nein. Ich hätte gerne einen Tee.“ Auch diese Antwort kam ihm ungewöhnlich unsicher über die Lippen.

„Was für ein Tee darf es denn sein?“ Da hatte sie ihn erwischt, er musste überlegen. „Einen Pfefferminztee, bitte“, sagte er bemüht selbstsicher. „Und dazu ein Croissant. Das wär's.“

„Okay, ist notiert“, flötete die Kellnerin und schwebte elfengleich davon.

„Oh, Entschuldigung!“ Klaus-Dieter rief ihr hinterher, „Bitte noch Marmelade zum Croissant … Und ihre Nummer“, fügte er nach kurzem Zögern frech hinzu.

Die gut aussehende junge Frau blieb stehen und notierte sich die Ergänzung. Bei seinem letzten Satz verharrte sie kurz ohne sich umzudrehen und ein kokettes Lächeln umspielte ihre Lippen, bevor sie ihren Weg in die Küche fortsetzte.

Klaus-Dieter grinste ebenfalls und nahm sich eine Zeitung, um die Wartezeit zu überbrücken. Wenige Minuten später erschien die Kellnerin erneut und stellte die Bestellung vor ihn auf den Tisch. Sie war gerade im Begriff zum nächsten Tisch weiterzugehen, als der junge Saarbrücker seine Zeitung weglegte und die Bestellung begutachtete.

„Moment, warten Sie mal kurz. Das habe ich nicht bestellt. Ich trinke keinen Tee. Ich wollte einen Espresso. Und das Croissant können Sie auch gleich wieder mitnehmen. Sie haben sicher den Tisch verwechselt.“

Gleichermaßen erstaunt wie genervt kehrte die junge Frau zu seinem Tisch zurück. „Entschuldigen Sie, ich bin mir aber ganz sicher, dass Sie es so bestellt haben und wenn Sie …“

Weiter kam sie nicht, da Klaus-Dieter sie rüde

unterbrach, wobei er immer lauter wurde. „Nein, nein, nein, nein, das kann nicht sein." Sichtlich bemüht senkte er wieder seine Stimme. „Ich habe noch nie gerne Tee getrunken. Noch nicht einmal bei meiner Großmutter. Sie müssen sich verhört haben."

Die Angesprochene konnte es kaum fassen. „Ich bin mir ziemlich sicher, dass ich mich nicht …"

Wieder fuhr der andere ihr dazwischen: „Bitte, nehmen Sie es wieder mit und bringen Sie mir bitte den Espresso. Ganz einfach." Inzwischen klammerte er sich an die Stuhllehnen, um sich zusammenzureißen.

Einige Sekunden duellierten sich die beiden mit ihren Blicken. Trotz des Eindrucks, dass sie dieses Duell wohl würde gewinnen können, wandte sich die junge Bedienung ab, jedoch nicht ohne „Erst mich hier schöne Frau nennen und meine Nummer wollen unnd dann sowas" vor sich hin zu murmeln.

Ihr Gegenüber hatte es wohl gehört. „Was haben Sie gerade gesagt. Also hab ich jetzt etwas falsch gemacht oder Sie?"

Die Angestellte erinnerte sich an ihre Einweisung. Der Gast ist stets König! „Ach, nichts. Ihr Espresso kommt sofort.", rief sie ihm im Abgehen im freundlichsten Tonfall über die Schulter zu.

„Aber beeilen Sie sich! Ich muss gleich los zur Arbeit. Ich habe keine Zeit!", brüllte Klaus-Dieter quer durch den ganzen Innenhof.

Nachdem er endlich seinen Espresso bekommen hatte, musste er ihn schneller herunterkippen, als ihm lieb war. Nun ging er eiligen Schrittes über den Sankt Johanner Markt, wo er allerdings an dem schönen Stengelbrunnen inne hielt, der seit Anfang des Jahrhunderts den Marktplatz zierte. Mit leerem Blick starrte er eine Weile auf die Verzierungen.Ebenso verlangsamte er seine Schritte, als er an der Marktgalerie vorbeikam und verharrte kurz, um auch hier durch die ausgestellten Bilder hindurchzustarren. Als er nach einer Weile weiterging, tat er das mit federndem Schritt und einer weiteren Dylan-Melodie auf den Lippen. Nachdem er sein Taxi erreicht und sich bei der Zentrale angemeldet hatte, stellte er sich in der Nähe des Marktes auf einen Taxi-Platz und wartete, einen Groschenroman lesend, auf den ersten Auftrag des Tages. Dieser ließ auch nicht sehr lange auf sich warten. In Person einer aufgebrezelten, brünetten Frau Mitte 40. Sie klopfte an seine Seitenscheibe und stieg dann rauchend hinten rechts in das Taxi ein. Offenbar hatte sie es eilig.

„Guten Tag, junger Mann. Ich müsste dringend auf den Homburg. Die genaue Adresse fällt mir gerade nicht ein, aber wenn wir da sind, kann ich Sie lotsen. Ich weiß dann, wie wir fahren müssen.“

Der Angesprochene schaute von seinem Buch auf und fixierte sie durch den Rückspiegel mit durchdringendem Blick. Die Frau bemerkte es nicht, da sie in ihrer Handtasche kramte. Nach einer Weile schaute sie auf. Ihre Blicke trafen sich. Sie hob die Brauen.

„Entschuldigung, warum genau fahren wir noch nicht? Wie gesagt, ich kann Ihnen leider nicht die genaue Adresse geben, aber den Homburg kennen Sie ja wohl. Ab dort übernehme ich dann.“ Ein autoritärer Unterton mischte sich in ihre ansonsten freundliche Bitte.

Der junge Mann fing an, schneller zu atmen und sein Blick, der nach wie vor starr auf den Rückspiegel und darin auf sie gerichtet war, wirkte nun fast panisch. Wie der eines Hasen, der sich direkt vor einem Fuchs wiederfindet. „Warum verfolgst du mich", zischte er zwischen den Zähnen hindurch.

„Ich verfolge Sie nicht", erwiderte sie perplex.

„Doch, das tust du!", Klaus-Dieter zischte nun lauter und ärgerlicher.

„Nein, sicher nicht. Ist Ihnen nicht gut, junger Mann. Wollen Sie vielleicht einen Schluck Wasser, ich habe noch eine Flasche in meiner Tasche, einen Moment." Sie fischte eine kleine Wasserflasche aus ihrer Handtasche.

Der andere atmete nun so schnell und schwer, als hätte er gerade einen Sprint hinter sich gebracht. Er legte das Buch weg und griff zum Autoschlüssel. Die Frau bemerkte es und war sichtlich erleichtert. Der schnaufende junge Mann allerdings zog den Schlüssel ab und drehte sich zu ihr um. „Ich bin nicht dein junger Mann", sagte er bestimmt. Und wiederholte den Satz noch zwei weitere Male, wobei er immer leiser und gleichzeitig wütender und kurzatmiger wurde.

„Wie? Ich verstehe nicht …", mehr brachte die Frau auf dem Rücksitz nicht heraus. Der Taxifahrer hatte sich unterdessen wieder nach vorne gedreht. Er starrte unter sich und schlug im Takt seiner Worte auf das Lenkrad ein.

„ICH BIN NICHT DEIN JUNGER MANN! Hau ab! HAU AB!" Klaus-Dieter brüllte wie besessen, presste sich die Handflächen an die nun schweißnassen Schläfen und wippte mit dem Oberkörper vor und zurück, wobei er auch ins Kopfschütteln verfiel. Er stieß einen lang gezogenen Urschrei aus, worauf sich die Frau endgültig ihre Tasche krallte und aus dem Taxi flüchtete. Sich immer wieder umdrehend eilte sie weg von dem Fahrzeug. Der Schrei des Mannes begleitete sie noch einen Moment, dann brach er abrupt ab und wurde von einem langgezogenen Hupen abgelöst, als der junge Fahrer ohnmächtig wurde und sein Kopf auf dem Lenkrad einschlug.

II.

Klaus-Dieter erwachte in einem fremden Bett. Die Bettwäsche war irgendwie ungewöhnlich hart. Es roch nach Desinfektionsmittel. Blinzelnd versuchte er sich zu orientieren. Durch das Fenster neben dem Bett fiel das Sonnenlicht direkt auf ihn und blendete ihn, sodass es einen Moment dauerte, bis er sein Blickfeld wahrnahm. Es kostete ihn einiges Grübeln, bis er die sterile Einrichtung, die Apparate auf der anderen Seite seines Bettes und das über der ungewöhnlich breiten Tür hängende Kruzifix zuordnen konnte. Dies musste ein Krankenzimmer sein.

Zusammen mit diesem Gedanken blitzte ganz kurz eine Erinnerung auf. Mehr so etwas wie das Echo einer Szene, die er mal im Kino gesehen hatte. Ein Mann, der in einem Bett liegend hektisch von einer Krankenschwester über einen langen Gang gefahren wurde. Ein distinguiert dreinblickender Mann im weißen Kittel, der ihn anblickte und ganz langsam, bedauernd den Kopf schüttelte. „Sie haben eine Psychose", hallte es durch seinen Kopf.

Wie gelähmt lag er da und zerbrach sich den Kopf. Was war passiert? Er war im Café gewesen. Hatte er nicht danach noch einen Fahrgast gehabt? Was hatte der mit ihm angestellt? Die. Es war eine Frau. Während er noch zu rekonstruieren versuchte, was diese ihm wohl angetan hatte, klopfte es kurz an der Tür, die sich aber umgehend öffnete. Ein distinguiert dreinblickender Mann mit weißem Kittel trat auf ihn zu, wobei er nochmal kurz die Blätter auf seinem Klemmbrett konsultierte.

„So, Herr Schneider. Wie geht es Ihnen heute?

Wie ich ihrer Krankenakte entnehmen kann, haben Sie heute morgen schon ihre Medikamente erhalten." Seine sanfte Stimme beruhigte Klaus-Dieter ein wenig. Etwas an seinen Worten gefiel ihm aber irgendwie gar nicht. Doch aktuell schien er nicht sagen zu können, was das war. Allgemein hätte er nicht viel sagen können, denn als er es versuchte, fühlte sich seine Zunge irgendwie falsch an. Der Arzt wartete nicht ab, ob es ihm doch noch gelang.

„Gut, die Benzodiazepine wirken noch." Er machte ein kurze Pause und eine knappe Notiz auf seinem Klemmbrett. „Sie fragen sich sicherlich, was Benzodiazepine sind. Das sind Beruhigungsmittel. Vielleicht fragen Sie sich auch, warum Ihnen diese verabreicht wurden und warum Sie hier sind. Falls Sie sich nicht erinnern. Das kann bei ihrem Krankheitsbild schon vorkommen."

Klaus-Dieter versuchte erneut, Worte zu formen. Mehr als ein paar Laute bekam er aber nicht zustande, bevor der Arzt einfach weiterredete. „Sie haben gestern mutmaßlich einen Flashback erlebt, mit der intensiven Erfahrung eines traumatischen Ereignisses. Einhergehend mit körperlichen Reaktionen wie Herzrasen und Schweißausbrüchen, sowie starken emotionalen Effekten, insbesondere von Wut. Dies alles hat zu einer völligen körperlichen Erschöpfung bei Ihnen geführt. Allerdings wehrten Sie sich wohl immer wieder …"

Der junge Mann im Bett räusperte sich geräuschvoll. Zum einen um auf sich aufmerksam zu machen, aber auch, weil er glaubte, dann endlich ein paar Worte formen zu können. Der Arzt plapperte einfach weiter.

„… sodass wir Ihnen ein Beruhigungsmittel geben mussten, auch damit Sie körperlich einmal zur Ruhe kommen. Gleich wird …“

Der Arzt wurde abrupt an seinem Kittel heruntergezogen. Erschrocken beendete der Doktor seinen Monolog und sah seinen Patienten zum ersten Mal seit dem Eintreten wirklich an. Unter größter Anstrengung begann dieser, langsam und unartikuliert zu sprechen.

„Mhh …, Herr Doktor …, könnten Sie bitte so höflich sein und mir a) ihren Namen nennen und b) mir endlich verraten, unter welchem Krankheitsbild genau ich leide. Verschonen Sie mich mit den Details. Die interessieren mich eh nicht.“

„Ja, entschuldigen Sie Herr Schneider. Mein Name ist Prof. Dr. Weiger und wie sich aus unseren bisherigen Untersuchungen …“

Weiter kam er nicht, da Klaus-Dieter noch immer seinen Kittel im Griff hatte und ihn daran noch ein bisschen weiter zu sich herunter zog. Er sagte nichts, schaute ihn nur mit eindringlichem, fragendem Blick an.

„Sie leiden unter einer dissoziativen Identitätsstörung. Das bedeutet, dass Sie verschiedene Persönlichkeitszustände besitzen und die …“ Wieder wurde er in seinem Redefluss unterbrochen, als abermals pro forma an der Tür geklopft wurde, kurz bevor eine attraktive Frau mittleren Alters den Raum betrat. Der Patient ließ den Arztkittel los und wunderte sich darüber, dass ihr eng anliegendes Kleid in keiner Weise zu der Kleidung passte, wie sie in Krankenhäusern für gewöhnlich getragen wurde.

Dr. Weiger nutzte die Ablenkung und flüchtete einen Schritt aus der Reichweite des resoluten Patienten. Er sprach die Frau an: „Ja, hallo Frau Büchner. Da sind Sie ja schon. Allerdings bräuchten wir hier noch einen Moment.“

Ob die Dame mit dem freundlichen Lächeln Klaus-Dieters flehenden Blick bemerkt hatte, konnte dieser nicht sagen, jedenfalls wandte sie sich nun dem Arzt zu. „Herr Prof. Dr. Weiger, ich entführe ihren Patienten nur sehr ungern, aber die Maltherapie beginnt gleich und ich hätte Herrn Schneider gerne dabei."

„Ja, gut.", entegnete der Mediziner. „Herr Schneider, wir sprechen uns später noch einmal. Noch einen schönen Tag."

Nachdem die Tür sich hinter ihm geschlossen hatte, näherte sich die Therapeutin freundlich lächelnd dem Krankenbett. „Der Herr Professor hört sich manchmal gerne selber reden und kommt nicht immer auf den Punkt."

Mit weit geöffneten Augen nickte der junge Mann mehrmals deutlich.

Ihr Lächeln intensivierte sich. „Falls er es Ihnen noch nicht in einfacher Sprache gesagt hat: Sie beherbergen sozusagen eine WG von vielen verschiedenen Persönlichkeiten, die gerne abwechselnd das Haus verlassen. Aber machen Sie sich keine Sorgen. Wir gehen jetzt erst einmal malen." Mit einer herrischen Geste schnitt sie dem gerade im Aufstehen begriffenen Patienten die Widerworte ab, die er hervorbringen wollte.

„Und bevor Sie fragen: Ja, das hilft Ihnen. Kommen Sie!"

Widerwillig schlug Klaus-Dieter die Decke zurück und bemerkte, dass er glücklicherweise keines dieser Krankenhaus-Hemdchen, sondern seine ganz normalen Klamotten anhatte. Irgendwie war er davon ausgegangen, dass die gut aussehende Therapeutin direkt mal seinen Hintern würde sehen können, wenn er sich aus dem Bett erhob. Da nun auch diese Bedenken zerstreut worden waren, zog er seine Schuhe an und folgte ihr wie ein Schoßhündchen.

Auf dem Weg zum Therapieraum schwiegen sie und Klaus nutzte die Zeit, um seinen Widerstand neu zu formieren. Maltherapie! Die wollten ihn doch veräppeln! Was sollte denn das bringen. Er war nicht irgendein schwer erziehbares Kleinkind, das man mit dem Malen von Wiesenlandschaften samt Häuschen und einer lächelnden Sonne ruhig gestellt bekam. Und überhaupt. Eine WG von verschiedenen Persönlichkeiten. Dabei konnte es sich nur um eine Fehldiagnose handeln.

Das hätte er doch merken müssen!
Wobei …, wenn er genauer drüber nachdachte, hatte es doch in jüngster Vergangenheit ein paar seltsame Situationen gegeben.

Ehe er weiter darüber nachgrübeln konnte, sagte Frau Büchner, während sie ein Zimmer auf ihrer rechten Seite betrat: „Hier wären wir, Herr Schneider. Ihre Mitpatienten sollten schon hier sein. Guten Morgen allerseits." Die vier Anwesenden antworteten im Chor. „Hier, das ist ihr Platz." Sie zeigte auf den Hocker vor einer Staffelei mit einer kleinen, leeren Leinwand. „Ich würde mir wünschen, dass Sie mir ein Bild ihrer Gefühlslage malen", sagte sie mit einem ermutigenden Lächeln.

„Ich mach das nicht", schnappte Klaus-Dieter. „Warum soll ich denn jetzt hier meine Gefühle malen. Das ist doch bescheuert, das sag' ich Ihnen ganz ehrlich."

Die Frau ließ sich nicht die Laune verderben. Immer noch freundlich lächelnd sagte sie: „Herr Schneider, versuchen Sie es doch mal, bevor Sie sagen, dass es bescheuert ist. Vielleicht ist es ja gar nicht so bescheuert, wie Sie denken."

„Doch, das ist es. Da bin ich ganz sicher."
„Aus Berufserfahrung bin ich mir ganz sicher, dass intuitives Malen sehr hilfreich sein kann. Sie müssen ja nicht gleich mit komplexen Gefühlen wie Freude, Angst oder Trauer anfangen. Beginnen Sie doch mit einem Gefühl, dass Ihnen

anscheinend sehr vertraut ist. Wie Ärger."

Ihr Lächeln wurde intensiver und ihre Augen verengten sich zu schmalen Schlitzen. Fast hätte ihr Kontrahent gemeint, sie hätte ihm zugeblinzelt. Anerkennend nickte er ihr mit abschätzigem Blick, schräggestelltem Kopf und leicht zurückgelehntem Oberkörper zu. Ein verwegenes Lächeln umspielte kurz seine Lippen. In einem gänzlich anderen Tonfall sagte er: „Ich muss Ihnen sagen, Sie sind nicht auf den Mund gefallen, Schätzchen. Ich weiß gar nicht, was eine wie Sie hier als Maltherapeutin macht."

„Ja, das würden Sie herausfinden, wenn Sie nun endlich mal mit dem Malen beginnen würden", erwiderte sie schlagfertig.

„Also mir würden da direkt ein paar andere Dinge einfallen, mit denen wir zwei beginnen könnten. Wenn Sie verstehen, was ich meine." Hatte der Patient gemeint, sie damit aus der Fassung bringen zu können, wurde er enttäuscht. Nach wie vor lächelnd sagte sie: „Kommen Sie schon. Zeigen Sie mir doch mal, wie viel Ärger diese Maltherapie in Ihnen hervorruft."

Widerwillig nickte der andere, ohne den Blick von ihr abzuwenden. „Na gut", sagte er, „ich geb' mir aber keine Mühe."

Sie wendete sich den anderen Patienten zu und nachdenklich schaute er ihr hinterher. Lange sah er sich im Raum um. Sein Blick blieb kurz auf einer Obstschale hängen, in der vier frische Bananen lagen. Er nahm die Farbpalette in die Hand und drückte einen einzigen Klecks roter Farbe aus der Tube darauf. Dann nahm er einen Pinsel und wendete ihn kurz in seiner Hand. Er ließ ihn durch die Finger rollen, wobei sich wieder kurz das verwegene Lächeln in seine Züge stahl. Er tunkte ihn in die Farbe und begann, rote Bananen zu malen.

Das hatte Spaß gemacht. Klaus-Dieter war schockiert. Nicht direkt wegen der Freude, die er bei der Maltherapie empfunden hatte, sondern von seiner neuen Gesamtsituation.

Allmählich begann er nämlich zu realisieren, dass sich in seinem Leben durch diese Diagnose voraussichtlich das ein oder andere grundlegend ändern würde.

Sein Bild sollte eigentlich nur verdeutlichen, als wie absurd er es empfand, dass die Heilung für seine ‚dissoziative Persönlichkeitsstörung‘ das Schmieren von Farbe auf eine Leinwand sein sollte.

Der Therapeutin hatten seine roten Bananen allerdings sehr gut gefallen. Und auch seine Mitpatienten hatten ihm glaubhaft vermittelt, dass er wohl Talent besitze.

Und er hatte Spaß bei der Arbeit gehabt. Das war neu für ihn. Wie die Malerei im Allgemeinen. Während der Therapiestunde war ihm aufgegangen, dass es keiner abgeschiedenen Dachstube mit Farbklecksen an den Wänden und auch keiner abgeschnittenen Ohren bedurfte, um ein Bild zu malen, das andere Menschen erfreute. Dennoch fragte er sich, was bildende Künstler so antrieb. Er nahm sich vor, später mal nachzufragen, ob hier im Krankenhaus eventuell Bücher über Künstler zu bekommen wären.

Als kurz nach dem Ende der Maltherapie die Realität auf ihn eingestürzt war, irrte er erst mal orientierungslos durch den Gebäudekomplex des Klinikums auf dem Sonnenberg. Ohne recht zu wissen, wie es geschah, fand er sich in der Krankenhauskapelle wieder. Der Anblick des großen Holzkreuzes, das über dem Altar aufragte, beruhigte seine umherwirbelnden Gedanken.

Die Klinik konnte ihrem Namen heute nicht gerecht werden. Es hatte angefangen, zu regnen und zu stürmen. Das sonore, prasselnde Geräusch des Regens auf die Buntglasfenster trug zu Klaus-Dieters Entspannung bei. Stumm saß er einige Zeit da und starrte auf einen Punkt ohne diesen je wirklich wahrzunehmen. Er beschloss bei sich, dass alles gut werden würde. Okay, er war krank. Aber war er schwer krank? „Nein!", dachte er, „ich muss nicht sterben. Zumindest nicht früher als sowieso." Er war … anders krank. Und ihm konnte geholfen werden. Wenn er bedachte, wie sehr er diese erste Maltherapie genossen hatte, konnte er sich plötzlich sehr wohl vorstellen, dass diese Art Heilmittel ihm würde helfen können, besser mit sich selbst klar zu kommen. Auch wenn es sich dabei ja scheinbar um mehrere Personen handelte.

Mit einem zarten Lächeln auf den Lippen atmete er tief durch und blickte optimistisch den Dingen entgegen, die auf ihn warten sollten.

Im Gegensatz zu seinen Erwartungen verging die Zeit auf dem Sonnenberg wie im Fluge. Dabei half auch die Tatsache, dass dieser an den meisten Tagen seinem Namen alle Ehre machte. Was ja im Hochsommer auch nicht weiter verwunderlich war.

Seine Tage waren gut gefüllt mit Gesprächs- und Maltherapien. Die sportlichen Aktivitäten, bei denen er eingeplant wurde, taten ihm auch sehr gut und in der freien Zeit dazwischen widmete er sich gerne seinem alten Hobby, dem Lesen, welches er mit seinem neuen Hobby, dem Malen, in so weit verquickt hatte, dass er quasi nur noch Bücher über Kunst las.

Er hatte sich sogar mit dem ein oder anderen Mitinsassen angefreundet. Andere hatte er von Anfang an intuitiv gemieden. Er konnte es nicht leiden, wenn man ihm zu nahe kam. Und einige Patienten hatten scheinbar ein Problem mit Grenzen. Mit Björn, dem ihm angenehmsten Mitpatienten, traf er sich gelegentlich ,nach Feierabend‘ auf einen Waldspaziergang oder Ähnliches. Auch gab es im Krankenhaus-Café einen ganz passablen Espresso, den sie beide zu schätzen wussten. Björn war ein bisschen jünger als Klaus-Dieter und hatte einen gewissen Schalk in den Augen. Was genau ihn hier hergebracht hatte, war noch nie Thema gewesen. Spielte auch eigentlich keine Rolle. Heute wollten sie sich wieder ein wenig die Beine vertreten.

„Ah, da wären wir wieder. Unsere halbe Stunde im Freien am Tag“, kommentierte Klaus-Dieter.

„Ja, eine halbe Stunde Freiheit! Den Rest des Tages verbringen wir dann wieder im Käfig. Aber wenigstens wohlbehütet.“ Das klang bei Björn negativer, als Klaus-Dieter es tatsächlich empfand. „Wie wahr“, raunte er dennoch, wobei sich dies für ihn vor allem auf den letzten Satz bezog.

Björn sah es scheinbar doch so ähnlich. „Naja, ist ja eigentlich nicht verkehrt, dass immer jemand aufpasst. Da kann man nix anstellen! Und ist nie alleine.“

Zu ihrem abendlichen Verdauungsspaziergang wanderten sie im Grunde immer dieselbe Strecke. Mehr oder weniger einmal rund um den zentralen Gebäudekomplex.

„Magst du es nicht, allein zu sein?“, fragte der Taxifahrer, der sich aber schon eher als Maler sah. Er selbst hatte nämlich durchaus etwas übrig für ein wenig Einsamkeit, dann und wann.

„Versteh‘ mich nicht falsch. Nicht, allein in einem Raum zu sein oder so. Sondern so richtig allein. Wenn niemand sich um dich kümmert. Niemand sich für dich interessiert. Dann fühlt es sich tot an. Wenn alles tot ist und still.

Welchen Sinn hat Leben ohne Leben?“

„Genau das versuche ich in meiner Kunst einzufangen“, antwortete der andere enthusiastisch.

„Meine Kunst waren immer Frauen.“ Träumerisch ließ er die Blicke schweifen. „Leben, Liebe, das Gegenteil von Tod. Zwei Mädchen in jeder Stadt. Wenn ich hier rauskomme, gibt‘s bestimmt noch drei oder vier, die auf mich warten. Kennst du auch ein paar Frauen?“ Der joviale, kleine Mann zwinkerte Klaus-Dieter zu und knuffte ihn in die Seite.

„Nein“, antwortete dieser tonlos und beneidete seinen Kumpel ein bisschen. Seine eigenen Erfahrungen mit Frauen waren nicht so zahlreich. Obwohl sie diesen gewiss nicht zuzuordnen war, musste er spontan an die kleine, süße Kellnerin in seinem Lieblingscafé denken. „Espresso“, fragte er, als der Eingangsbereich wieder in Sichtweite kam.

„Aber sicher“, erwiderte Björn.

Mittlerweile zeichnete Klaus-Dieter quasi ununterbrochen. Und wenn er nicht zeichnete, schrieb er immer öfter kurze Gedichte. Egal ob allein im Zimmer, während des Essens und teils auch in den Gesprächstherapiesitzungen. Während der Gruppentherapie war das nicht weiter aufgefallen, da er trotzdem zuhören und auf das Gesagte reagieren konnte.

Bei den Einzeltherapien mit Herrn Prof. Dr. Weiger kam es nicht so gut an und der Professor hatte ihn beizeiten darauf hingewiesen, dass er, bei aller Freude der Beteiligten über seinen Enthusiasmus, während ihrer Sitzungen seine Tätigkeit wohl oder übel pausieren müsse.

Der Professor verstand es ganz gut, dem jungen Mann seine innersten Wünsche und Ängste zu entlocken und hatte auch ein gutes Gespür dafür, wenn die Persönlichkeit seines Patienten Gefahr lief, abzudriften.

Aber die Höhepunkte der therapeutischen Bemühungen waren definitiv die Maltherapie-Stunden. Frau Büchner wurde nicht müde, seine Erzeugnisse zu loben und auch in den Blicken seiner Mitpatienten stand aufrichtige Anerkennung, wenn er ihnen ein fertiges Werk präsentierte. Die Therapeutin schaffte es mit ihren stets kreativen Aufgabenstellungen, seine schlummernden Talente zu wecken.

Er war selbst überrascht, wie gut ihm die Profession von der Hand ging. Sein intensives Studium der Bücher über andere Künstler, die er aus dem Fundus des Krankenhauses erhalten oder die ihm Frau Büchner persönlich organisiert hatte, bestärkten ihn in der Überzeugung, dass er tatsächlich eine beachtliche Veranlagung hatte und die Kunst der Sinn und Zweck seines Lebens sein könnte.

Dabei beschränkte er sich nicht nur auf die Malerei. Natürlich bildete sie den Schwerpunkt, aber auch die Schönheit, die geschriebenen Worten inne wohnte, hatte es ihm angetan. Genauso wie ein bestimmter Künstler, der genau diese Freiheit in der Kunstausübung propagierte und verkörperte wie kaum ein anderer. Obwohl er es sicher schon fünf mal gelesen hatte, nahm er immer wieder ein Buch über das bisherige Gesamtwerk Joseph Beuys' in die Hand und verlor sich regelmäßig auf diesen Seiten.

Über dieses Vorbild grübelte Klaus-Dieter auch, während er in der Mensa des Krankenhauses saß, wo er nach dem Essen einfach geblieben war und weiter gezeichnet hatte. Vor ihm auf dem Tisch lag sein Block, den er heftig bearbeitete, sowie zwei Puddingbecher, die er sich zum Dessert genommen, aber noch nicht angerührt hatte.

Sein Kumpel Björn war, von ihm unbemerkt, eingetreten und riss ihn aus seiner Gedankenwelt. „Hey, was machst du denn noch hier? Hast du jetzt nicht Maltherapie?" Da der Angesprochene erst gar nicht reagierte, tippte ihm der andere penetrant auf die Schulter.

„Ja? Was ist? Magst du einen Pudding haben? Ich hab extra zwei genommen", sagte der ältere der beiden ohne von seinem Block aufzublicken.

Björn antwortete: „Ne, danke. Hast du jetzt nicht Maltherapie?"

„Hab ich das?" Jetzt schaute er auf. Er wirkte ein bisschen, als wäre er gerade erst aufgewacht.

„Ja, das hast du. Mit Frau Büchner?! Du erinnerst dich?"

Klaus-Dieter sprang auf und stopfte Block und Stift in seine Weste. „Oh, ja. Natürlich! Mist!" Und mit diesen Worten war er auch schon auf und davon.

Als Björn gerade überlegte, was er mit den zurückgelassenen Puddings anstellen sollte, hörte er seinen Freund von der Ausgangstüre rufen: „Du kannst dir ruhig beide nehmen!" Kopfschüttelnd und gleichzeitig lächelnd steckte er die beiden Plastikbecher ein und ging Richtung Ausgang.

Außer Atem und mit einem leichten Schweißfilm auf der Stirn platzte Klaus-Dieter in die bereits laufende Maltherapie-Sitzung. Frau Büchner, die sich gerade zwischen zwei anderen Patienten aufgebaut hatte und ihre Fortschritte betrachtete, erschrak kurz, fasste sich aber schnell wieder und lächelte den Eindringling liebenswürdig an.

„Bitte vielmals um Entschuldigung, Frau Büchner. Hier bin ich", sagte Klaus-Dieter atemlos und tupfte sich mit dem Ärmel die Stirn trocken.

„Deine Staffelei steht da drüben. Ich erkläre es nochmal für alle: Schließt kurz die Augen und besinnt euch auf eine Situation in eurem Leben, in der ihr im Zusammenhang mit anderen Menschen in Aufruhr, Unsicherheit oder Angst geraten seid. Malt die Situation mit allen relevanten Personen und euch selbst, in der Gefühlssituation, die in euch aufkam.“

Der zu spät Gekommene hatte während der Aufgabenbeschreibung permanent genickt. Er hatte direkt eine Idee, was hier zu malen sei. „Muss ich es denn sehr detailliert malen“, erkundigte er sich bei Frau Büchner.

„Aber nein“, erfolgte prompt die Antwort, auf die er gehofft hatte. „Du kannst ganz frei, abstrakt oder wie auch immer du möchtest malen. Das gilt natürlich für alle“, fügte sie an die anderen gewandt hinzu. „Also dann, los geht‘s!“

Eifrig bestückte Klaus-Dieter seine Palette mit den nötigen Farben und stürzte sich in die Arbeit.

Wieder einmal war Frau Büchner ganz angetan vom Ergebnis seiner Bemühungen. Das naheliegendste wäre ja gewesen, wenn er die Situation mit der Dame im Taxi zu Papier gebracht hätte, da er davon ja offensichtlich so sehr aufgewühlt worden war, dass ein stationärer Aufenthalt in der Psychiatrie notwendig wurde.

Aber abgesehen davon, dass er sich kaum an sie zu erinnern vermochte und sie in Folge dessen wohl auch kaum würde malen können, wollte er sich nicht noch mehr mit der Situation auseinandersetzen, als er es in den Gesprächen mit Prof. Dr. Weiger ohnehin schon musste.

Also hatte er sich dazu entschlossen, jenen Morgen im Café auf Leinwand zu bannen, an dem er diese nette Kellnerin verärgert hatte. Er wusste nicht so genau, wie ihm das gelungen war, aber nach den Erkenntnissen seiner Therapien konnte er sich vorstellen, dass da eine seiner anderen Persönlichkeitszustände die Finger im Spiel gehabt hatte.

Scheinbar war es ihm ganz gut gelungen, seine grenzenlose Verwirrung und den Ärger darzustellen, der ihre Interaktion geprägt hatte. Rot war eine tolle Farbe. Im Grunde konnte man praktisch alle Emotionen mit geschicktem Einsatz der Farbe der Liebe darstellen. Liebe und Hass lagen im Leben ja auch nah beieinander, wie man sagte. Dann konnte es in der Kunst ja nicht viel anders sein.

Nun lag er auf seinem Bett und hing seinen Überlegungen nach, während er dem Sommerregen lauschte, der gegen das Fenster trommelte. Um ihn herum lagen Skizzen auf dem Bett und an den Wänden hingen mehrere von seinen Bildern. Ruckartig setzte er sich auf. „So, genug gegrübelt für heute", dachte er bei sich. „Jetzt wird wieder studiert."

Er ging den Büchserstapel durch, der auf dem Beistelltischchen neben seinem Bett lag und blieb, wie so oft, wieder am Buch über Joseph Beuys hängen. Er überlegte, was er allein aus der Lektüre schon alles über Kunst gelernt hatte. Und malte sich im Geist aus, was er alles aufschnappen könnte, dürfte er sich nur einmal von Angesicht zu Angesicht mit dieser berühmten Persönlichkeit unterhalten.

Am darauffolgenden Morgen hatten Prof. Dr. Weiger und die Maltherapeutin Frau Büchner eine ihrer regelmäßigen Besprechungen. Sie saßen sich am wuchtigen Schreibtisch im Büro des Professors gegenüber, zwischen sich ein Tablett mit Kaffee und Gebäck. Als sie bei ihrem Patienten Klaus-Dieter Schneider angelangten, bemerkte der Oberarzt, dass seine Kollegin auf dieser Seite ihres Notizblocks ganz besonders viel aufgeschrieben hatte.

„Oh je, ich hoffe, der Umfang ihrer Notizen bedeutet nicht, dass es Zwischenfälle gegeben hat. Ich hatte den Eindruck, dass wir hier ganz gut voran kommen", erkundigte er sich beunruhigt.

„Ganz im Gegenteil! Herr Schneider macht mittlerweile großartige Fortschritte. Ich muss sagen, zu Beginn war ich etwas skeptisch, da er die geforderten künstlerischen Aufgaben partout nicht umsetzen wollte", musste die Therapeutin einräumen.

„Ist das so?"
„Ja, allerdings. Doch als ich ihm mehr Freiheiten einräumte, wurde es besser. Mittlerweile würde ich ihn schon fast als den ‚Streber' unserer Therapiegruppe bezeichnen."

„Das sind ja erfreuliche Nachrichten. Auch in unseren Einzelgesprächen und den Gruppentherapien zeigt es sich, dass sich seine Selbstwahrnehmung erheblich verbessert hat."

„Und wie steht es mit impulsiven Persönlichkeitswechseln?"

„Er hat mittlerweile mehr Kontrolle über seine dissoziativen Zustände. Er ist mehr bei sich und meist sehr ausgeglichen. Und weiß sich mit verschiedenen Techniken der Gefühls- und Spannungsregulation zu behelfen."

„Das passt auch zu meinen Beobachtungen, dass er wieder mehr Vertrauen zu anderen Menschen in der Gruppe entwickelt und sich sein negatives Selbstbild zunehmend korrigiert. Was sich auch in seinen Gemälden widerspiegelt."

„Wenn seine Entwicklung weiterhin so signi-
fikant in diese Richtung fortschreitet, bin ich
mir sicher, dass er bald in der Lage sein wird,
Frühwarnzeichen und Auslöser besser identifizie-
ren zu können. Dann sollten wir ihn auch aus der
stationären Behandlung entlassen können.“

„Das wäre klasse …, übrigens geht sein Kunst-
interesse mittlerweile weit über seine Zeit in
den Therapiestunden hinaus. Haben Sie in letzter Zeit mal sein Zimmer gesehen?“

„Oh ja, das habe ich. Beachtlich, was er sich
da für eine Sammlung an Kunstbüchern und eigenen Werken zusammengestellt hat.“

„Nicht wahr. À propos, da hätte ich auch noch
eine Frage. Ich weiß, dass wir so etwas in dieser Klinik noch nie gemacht haben. Aber ich
würde mich sehr freuen, wenn Sie dennoch die
Erlaubnis dafür erteilen könnten“, druckste die
Therapeutin herum.

Ihr Vorgesetzter runzelte die Stirn, hatte
aber gemerkt, dass das Anliegen, was immer es
auch sein mochte, ihr sehr am Herzen lag. Daher
beeilte er sich zu sagen: „Aber natürlich, Frau
Büchner, dürfen Sie ihre Frage stellen. Sie
sind eine sehr geschätzte Kollegin, die stets
sehr gute Einfälle hat. Heraus damit. Worum
geht es Ihnen?“

„Es ist Folgendes: Herr Schneider hatte mal
gesagt, dass er, wenn er hier fertig sei, Kunst
machen wolle. Und beginnen würde er gerne mit
einer Vernissage hier im Hause.“

„Wenn das alles ist, kein Problem. Das können
wir im Aufenthaltsraum doch sicher darstellen.“

„Naja, es ist nicht alles“, gestand die Frau.
„Er überlegt, noch von hier aus den Künstler
Joseph Beuys zu kontaktieren.“

Erstaunt setzte der Mediziner seine Kaffee-
tasse ab, die er gerade erst zum Mund geführt

hatte. „Sie reden von DEM Joseph Beuys, dem
Aktionskünstler? Das wäre allerdings ungewöhnlich, wenn sie in Kontakt treten könnten.“

„Genau! Und ich dachte, das würde einen wundervollen motivierenden Anreiz für ihn schaffen, wirklich seinen Weg als Künstler weiter zu
gehen.“

„Interessant. Da stimme ich Ihnen zu. Was genau fasziniert ihn denn so an Joseph Beuys“,
fragte der Mann interessiert.

Und seine Kollegin erläuterte ihm fast den
ganzen Rest ihrer Sprechstunde, was Klaus-Dieter ihr alles über den streitbaren Freigeist
erzählt hatte.

Weitere Wochen gingen ins Land, die Klaus-Dieter intensiv nutzte, die Anzahl der Kunstwerke
zu steigern, die er bei seiner Vernissage ausstellen wollte. Diese hatte er mittlerweile von
Prof. Dr. Weiger persönlich genehmigt bekommen.

„Wir freuen uns außerordentlich, dass Sie sich
so gut entwickeln, Herr Schneider“, hatte er
ihm anvertraut. „Und natürlich müssen wir die
Gelegenheit nutzen, wenn einmal einer unserer
Patienten so viel Initiative zeigt, nicht nur
unseren Arbeitsalltag, sondern auch den Aufenthalt der anderen Patienten derart zu versüßen.“

Auch Frau Büchner hatte ihm jegliche Unterstützung zugesagt, die er eventuell brauchen
könnte, um die Ausstellung zu ermöglichen.
Klaus-Dieter hatte lediglich um einige Holzlatten gebeten, aus denen er nun schon seit einigen Tagen in jeder freien Minute improvisierte
Staffeleien bastelte. Die fünf Exemplare, die
für die Maltherapie zur Verfügung standen, wurden ihm natürlich auch zugesichert und hatten
sich bestens als Vorlage geeignet.

Er hatte festgestellt, dass er ein gewisses

handwerkliches Geschick besaß. Und so hatte er fast zwanzig Staffeleien zusammengeschraubt, die er gerade im großen Aufenthaltsraum aufstellte und seine Bilder darauf drapierte, als es an der Tür klopfte.

„Bitte noch nicht reinkommen", rief er in die Richtung, aus der er nahezu gleichzeitig das Geräusch der sich öffnenden Tür vernahm. „Halt! Stopp! Es darf noch niemand rein, da ich noch nicht …", er brach ab, als er erkannte, wer sich unaufgefordert Einlass verschafft hatte. „Ah, Frau Büchner, Sie sind's. Sie fallen selbstverständlich unter eine Ausnahmeregelung."

Fasziniert um sich blickend durchquerte diese den Raum. Entlang der Wand standen noch einige Leinwände mit den unterschiedlichsten Motiven, von denen sie nur die obersten paar erkennen konnte. Die künstlerischen Erzeugnisse vorhergegangener Patienten, die schon lange die ihr vertrauten Wände zierten, hatte Klaus-Dieter teilweise mit seinen eigenen Werken überdeckt. Sie passten auch nicht wirklich zum sehr modernen, abstrakten Stil ihres Vorzeige-Patienten, um der Wahrheit die Ehre zu geben.

Kurz ertappte sie sich bei dem Gedanken, dass die vorhandenen Bilder im Vergleich zu Herrn Schneiders Kunst eher an die Werke von Schulkindern erinnerten. Ganz nett, aber nicht wirklich als Kunst zu bezeichnen.

Sie erreichte den Künstler, der sich voller Stolz vor einer Staffelei aufgebaut hatte, auf der eins seiner besten Werke ausgestellt war. Zwei weibliche Figuren in Seitenansicht, schwarz-weiß mit einem einzigen roten Farbfleck auf den Lippen der einen Frau.

„Da danke ich Ihnen … und, was soll ich sagen, Herr Schneider? Ich kann nichts anderes sagen als: ich bin begeistert! Sie sind ein wahrer

Künstler geworden."

„Und so können Sie mich dann ab sofort auch nennen", sagte der Künstler mit verschmitztem Lächeln.

„Wird gemacht, Herr Künstler. Noch eine Frage. Was meinen Sie denn, wann die Ersten reinkommen dürfen?"

„Geben Sie mir bitte noch eine halbe Stunde. Einen kleinen Moment brauche ich noch. Und dann wäre ich auch gerne noch kurz alleine, um den Eindruck für mich festzuhalten."

„Das kann ich gut verstehen. Sind Sie denn aufgeregt?"

„Nein. Naja, vielleicht etwas. Ich weiß nicht so genau."

Bei seiner Erwiderung war der erfahrenen Psychotherapeutin eine gewisse Unsicherheit aufgefallen, die nicht zu ihren ersten Eindrücken von ihrem Patienten in dieser Situation passte. Sie bohrte nach: „Stimmt etwas nicht? Sollen wir es lieber vertagen?"

„Nein, nein, das ist es nicht", wiegelte Klaus-Dieter direkt ab. „Es ist nur … Ich habe noch nichts von Joseph Beuys gehört. Ich hatte ihm ja geschrieben." Unsicher rieb er sich die Hände.

„Ja, ich weiß. Sie haben es erzählt."
„Und ich habe in dem Brief auch erwähnt, dass ich seine Arbeiten sehr inspirierend finde. Seine Ausdrucksweisen. Seine Ansichten."

„Das ist doch sehr ehrenwert." Die Frau verstand nicht, worauf er hinauswollte.

„Ja. Aber ich habe eben auch erwähnt, dass ich meine erste Ausstellung hier in der Klinik haben werde. Und jetzt mache ich mir Sorgen, dass er das vielleicht lächerlich finden könnte. Jämmerlich. Das er findet, dass ich kein richtiger Künstler bin." Er senkte den Blick und ließ den Kopf hängen.

Sein Gegenüber richtete mit zwei Fingern unter seinem Kinn den Kopf wieder auf, bis sie sich in die Augen schauten. „Darüber sollten Sie sich keine Gedanken machen. Es ist alles andere als ‚jämmerlich‘, was Sie hier veranstalten." Mit ausgebreiteten Armen drehte sie sich einmal um die eigene Achse, wie um ihm den umgestalteten Raum zu präsentieren. Oder wieder ins Bewusstsein zu rufen. „Ich bin mir sicher, dass alle von ihren Bildern begeistert sein werden. Denken Sie nun nicht mehr daran. Denken Sie eher daran, dass Sie stolz auf sich sein können! Ich bin es jedenfalls."

Sie blickte sich gespielt verstohlen um, obwohl sie natürlich die einzigen Menschen im Raum waren. „Und darf ich Ihnen noch etwas verraten?"

Ein kurzer Anflug von Schmetterlingen zog Klaus-Dieter durch den Bauch. Was wurde das? Was hatte sie ihm mitzuteilen?

Sie beugte sich ein wenig in Richtung seines Ohrs bevor sie leise sagte: „Sie werden bald entlassen."

Klaus-Dieter war zunächst nicht sicher, ob das eine gute Nachricht war. War er wirklich bereit, wieder da draußen zu sein? Allein zu sein? Würde er dann überhaupt genug Zeit für seine Kunst finden? Trotz der Unwägbarkeiten hielt diese Unsicherheit nur einen kurzen Moment. Natürlich war er bereit! Er war jetzt Künstler. Er würde den ganzen Tag malen können. Strahlend wandte er sich Frau Büchner zu. „Danke! Für alles."

„Das ist nicht mein Verdienst, sondern ganz allein der Ihre. Aber jetzt lasse ich Sie alleine und werde schonmal die ersten Ehrengäste für ihre Vernissage zusammensuchen", sagte sie auf dem Weg zur Tür. Bevor sie hinausging ließ sie noch einmal den Blick schweifen und grinste dabei über beide Ohren, was Klaus-Dieter nicht entgangen war.

Mit neuem Elan machte er sich daran, die letzten Bilder zu platzieren und betrachtete sich dann stolz sein Werk.

Pünktlich eine halbe Stunde später öffnete er schwungvoll die Tür und war erstaunt, wie viele Menschen schon davor warteten. Er hatte eben schon ein dumpfes Murmeln vernommen, wodurch er sich vorgestellt hatte, dass Björn und seine Maltherapie-Gruppe ungeduldig vor dem Eingang warteten, aber er war ganz sicher nicht von einem solchen Andrang ausgegangen.

„Hereinspaziert, wertes Publikum!", rief er und verbeugte sich mit großer Geste, wobei er ihnen mit dem ausgestreckten Arm die Richtung andeutete.

Ein Strom von bekannten wie unbekannten Gesichtern, von Patienten wie Angestellten schlenderte an ihm vorbei, wobei sie ihrer Vorfreude Ausdruck verliehen.

Die nächsten Stunden waren wie ein Tagtraum. Klaus-Dieter konnte sich hinterher kaum an einzelne Gespräche erinnern. Er war immer mal wieder herbeigerufen worden, wenn die Gäste nährere Informationen zu einzelnen Bildern haben wollten. Was war seine Inspiration? Woher kannte er diese Maltechnik? Hatte nicht der und der Künstler mal was ganz ähnliches gemalt, das jetzt im Louvre hing und Ähnliches. Durch seine fundierten Studien war er bestens vorbereitet und erntete beeindruckte Blicke, wenn er ins Vortragen verfiel.

Nicht jeder der Anwesenden konnte mit jedem Werk etwas anfangen, aber das war ja auch ganz gut so. Sein Kumpel Björn war sichtlich begeistert von den zwei Frauen, was Klaus-Dieter kaum überraschte. Bis auf die ein oder andere Zeichnung hatte dieser noch nichts von Klaus-Dieters Kunst gesehen und war ehrlich erstaunt, wie professionell sich diese darstellte.

Manchmal hatte Klaus-Dieter sich unauffällig zu einer Gruppe gesellt, die gerade das gleiche Bild betrachteten und hatte ihren Eindrücken gelauscht und nur sporadisch in das Gespräch eingegriffen.

In einem waren sich alle einig: wenn er tatsächlich vorher noch nie gemalt haben sollte, war es mehr als beachtlich, was er in der Zeit seines Aufenthalts geschaffen hatte. Und auch die Bemühungen von Frau Büchner wurden des Öfteren lobend erwähnt.

Wenn sie es mitbekam, wiegelte sie vehement ab, da sie ja tatsächlich wenig bis gar nichts zu den Kunstwerken beigetragen hatte. Sie hatte lediglich den Weg bereitet und Klaus-Dieter ermöglicht, über seinen Schatten zu springen, um dort sein Talent zu entdecken.

Sie durfte sich selbstverständlich auch ein Bild aussuchen, dass sie aber unbedingt im Therapieraum aufhängen müsse. Darauf bestand der frisch gebackene Künstler. Außerdem bot er Prof. Dr. Weiger an, sich eines auszusuchen. Und letzten Endes schenkte er seinem Kumpel Björn die ‚zwei Frauen mit Kussmund', wie dieser es persönlich betitelt hatte. Er freute sich wie verrückt darüber und drückte seinen Freund, der ihm mittlerweile auch verraten hatte, dass er wohl nicht mehr so lange hier verbleiben würde.

Nach einigen Stunden war er dann irgendwann wieder allein im Raum. Ein letztes Mal ließ er seinen Blick schweifen, überzeugte sich selbst, dass tatsächlich er, Klaus-Dieter Schneider, es gewesen war, der diese Kunstwerke geschaffen hatte und verließ leicht erschöpft, aber mit einem seligen Grinsen den Raum. Da er die Erlaubnis hatte, den Aufenthaltsraum erst im Lauf der nächsten Tage wieder in seinen Urzustand zurück zu versetzen, zog er sich beschwingt in sein Zimmer zurück, wo er nach kurzer Zeit mit einem Lächeln im Gesicht in den Schlaf glitt.

Etwas mehr als eine Woche später hatte er auch schon seine finale Verabredung mit dem Herrn Prof. Dr. Weiger. Er war gerade seine Sachen am Vorsortieren, als die Tür sich mal wieder öffnete, noch während er das Klopfen vernahm.

„So, Herr Schneider, Ihr großer Tag steht unmittelbar bevor. Sie haben wirklich beachtliche Fortschritte gemacht und wir sind der Meinung, dass Sie in Ihren Gedanken und Gefühlen wieder so gefestigt sind, dass wir Sie entlassen können. Wie klingt das für Sie?"

„Ja, gut. Oder etwa nicht?" Klaus-Dieter war sich nicht sicher, was er von ihm hören wollte.

„Doch, doch, natürlich. Noch eine Sache: ich verschreibe Ihnen Tabletten, die Sie zur weiteren medikamentösen Behandlung täglich einnehmen müssen."

Der Angesprochene war verwirrt. „Wieso das? Sie haben doch gerade gesagt, dass ich gefestigt wäre."

Der Arzt nickte verständnisvoll. „Diese sind dazu da, dass das auch so bleibt. Sie dienen zur Stabilisierung ihres Zustands. Sie sind vorerst gefestigter, das schon, aber ohne die Einnahme dieses Medikaments ist es nicht auszuschließen, dass unerwartete und unkontrollierte Wechsel Ihrer Persönlichkeiten auftreten könnten. Sehen Sie es als zusätzliches Schloss zu Ihrem inneren Kern an. Damit dieser auch verschlossen bleibt."

Der junge Künstler konnte wie immer mit vielen

der Worte des Professors wenig anfangen. Die Sache mit seinem verschlossenen inneren Kern missfiel ihm sogar auf irgendeine Art. Aber er hatte es kapiert. „Habe verstanden! Wenn das dann alles wäre, würde ich mal mit dem Packen anfangen."

„Ja. Ich wünsche Ihnen alles Gute. Sollten Komplikationen auftreten oder sollte sich Ihr Empfinden wieder verschlechtern, melden Sie sich bei uns. Und bleiben Sie bei der Kunst. Sie ist … Sie wissen schon."

„Danke. Aber nein, ich weiß eigentlich nicht. Was meinen Sie?"

„Naja, ich glaube, Sie ist Ihnen angeboren. Ich lasse Sie jetzt allein."

Klaus-Dieter packte ein paar Sachen in seine Sporttasche, unter anderem das Buch von Joseph Beuys. Er hatte die Erlaubnis des Herrn Professors persönlich, es zu behalten. Bevor er es wegpackte, hielt er es einige Augenblicke in der Hand, ohne es aufzuschlagen oder auch nur richtig zu betrachten. Auch wenn sein Blick darauf lag, sah er eher hindurch.

Nachdem es schließlich in der Tasche verschwunden war, ging er hinüber zu seinem Nachttisch. Er fischte einen angefangenen Brief heraus. Da er immer noch keine Antwort von seinem großen Vorbild erhalten hatte, schrieb er bereits an einem zweiten Brief. Allerdings mit deutlich weniger Überzeugung als beim ersten Mal.

Stirnrunzelnd las er sich durch, was er bisher zu Papier gebracht hatte. Schließlich zerknüllte er ihn und warf ihn in den Papierkorb, bevor er den restlichen Inhalt aus dem Nachttisch entnahm und ihn in die Tasche packte.

Seine letzten Tage auf dem Sonnenberg verbrachte er mit dem Aufräumen des Aufenthaltsraums und den abschließenden Formalitäten.

Als er am Tag nach der Vernissage erwacht war, dachte er zunächst, er hätte schlecht gelegen, obwohl er die ganze Zeit sein Bett für erstaunlich gut erachtet hatte. Bis er dann irgendwann realisiert hatte, dass es sich bei dem Schmerz, der ihn im Schulter- und Nackenbereich quälte, um Muskelkater handelte!

Björn hatte ihn darauf gebracht, als er ihm abends erzählte, wie gut es Klaus-Dieter gestanden hatte, wie er mit geschwellter Brust und hochgezogenen Schultern durch die Menge stolziert war. Da waren sie darauf gekommen, dass seine unbewusste Haltungsverbesserung seine nicht sehr ausgeprägte Nackenmuskulatur überfordert haben musste.

Der Abschied von Björn war auch deutlich emotionaler ausgefallen, als bei all den andern. Nun hatte er diesen Teil hinter sich gebracht und so wollte er es jetzt mit dem gesamten Sonnenberg halten. Er hatte einige seiner Bilder unter den Arm geklemmt und eine Sporttasche geschultert, als er sich auf den Weg zur Bushaltestelle machte.

Er wollte später mal noch mit dem Taxi vorbeikommen und den Rest seiner Bilder abholen. Ein Kollege hatte ihn auf Nachfrage informiert, dass sein Fahrzeug auf den Hof der Zentrale verfrachtet worden war.

Der junge Mann dachte gerade darüber nach, ob er wirklich weiterhin seine Zeit im Taxi totschlagen sollte oder vielmehr, wie er es bewerkstelligte, dass er zumindest in der Zeit zwischen den Aufträgen würde malen können, als er hinter sich eine Stimme rufen hörte.

„Halt! Warten Sie, Herr Künstler.“
Ein Lächeln stahl sich auf das Gesicht des Angesprochenen. Frau Büchner. Wollte sie sich noch

einmal in intimerem Rahmen von ihm verabschieden? Jetzt erst verlangsamte er seine Schritte und drehte sich zu ihr um. Erwartungsfroh musterte er die heraneilende Frau.

„Warten Sie! Ich hab hier noch etwas, was Sie interesssieren dürfte. Hat uns gerade erst erreicht.“

Sie hielt ihm einen Briefumschlag entgegen. Adressiert an das Klinikum auf dem Sonnenberg, zu Händen Klaus-Dieter Schneiders. Dieser drehte den Brief um, um nachzusehen, wer der Absender sein könnte und fing fast vor Freude an, zu weinen. Sein dringendster Wunsch war in Erfüllung gegangen. Der Brief stammte von seinem Idol: Joseph Beuys.

III.

In den Monaten nach seinem Klinikaufenthalt tat sich so einiges im Leben des Herrn Künstlers. Er besorgte sich weitere Literatur zum Thema Kunst, besuchte Museen und organisierte die nötige Ausrüstung, um seine Wohnung in ein kleines Atelier zu verwandeln. Dabei kaufte er nur einen kleinen Teil ein, vieles bastelte er sich einfach selbst.

Dabei halfen ihm auch seine Kontakte in die Küstlerszene, um die er sich bemüht hatte. Glücklicherweise war diese Gruppe von Menschen recht zugänglich, wenn man authentisch als Kunstschaffender auftrat. Das Zentrum der schönen Künste lag unbestritten im Nauwieser Viertel und um den St. Johanner Markt herum, wo sich Klaus-Dieter in seinem früheren Leben ja eh schon gerne aufgehalten hatte. Daher war es ihm nicht schwer gefallen, zumindest bei Insidern als Künstler erkannt zu werden.

Ein paar Tage nach der Entlassung hatte er sein Taxi abgeholt und hatte mit einiger Selbstbeherrschung die Standpauke seines Disponenten ertragen, der natürlich völlig schockiert gewesen war, als er hörte, was seinem Fahrer widerfahren war und dann aber auch sehr erleichtert, dass es ihm wieder gut ginge. Aber er wurde nicht müde zu erwähnen, dass er natürlich schwere Probleme gehabt hatte, so einen unvorhergesehenen Ausfall zu kompensieren. Tatsächlich hatte der Ärmste sogar ein paar Tage selber fahren müssen.

Klaus-Dieter hatte im Anschluss beschlossen, dass er, wenn er den Taxi-Schlüssel einst an den Nagel hängen würde — und das würde er eher

früher als später tun — ganz sicher niemandem
Bescheid gäbe, auf dass dieser Kotzbrocken noch
viel mehr Stress zu bewältigen habe.

Fahrten vom und zum Flughafen Saarbrücken-Ens-
heim konnte er aktuell nur durchführen, wenn es
sich um einen einzelnen Fahrgast handelte, denn
Gepäck konnte er nicht mehr allzu viel unter-
bringen. In seinem Kofferraum befand sich nämlich eine kleine Malerwerkstatt. So hatte er
die Möglichkeit, in den Standzeiten direkt auf
Leinwand zu bannen, was auch immer ihm in den
Kopf kam.

Es war auch schon vorgekommen, dass sich ein
Kunde ein paar Minuten gedulden musste, weil
den Herrn Schneider die Muse geküsst hatte und
er unbedingt noch ein paar Pinselstriche tä-
tigen musste, bevor er sein Werkzeug weglegen
konnte.

Die paar betroffenen Fahrgäste hatten bisher
sehr verständnisvoll reagiert und ihm fasziniert bei seinem Werk zugesehen. Einer hatte
sogar bereitwillig die etwas größere Leinwand
auf dem Rücksitz neben sich festgehalten, damit
die frische Farbe auch in Ruhe trocknen konnte.
Ein weiterer Fahrgast war so begeistert gewesen, dass er dem stolzen Künstler später ein
Bild abkaufte.

Da hatte sich Klaus-Dieter erstmals mit der
Frage nach dem Preis konfrontiert gesehen. Was
war so ein Bild wert? Keine einfache Frage.
Letzten Endes hatte er sich mit hundert Mark
vermutlich unter Wert verkauft, wie er sich
am Abend in der „Gießkanne", einem Jazzkeller,
in dem er sich gerne aufhielt, belehren lassen
musste.

Einhundert Mark waren aber nicht wenig Geld
und er hatte sich sowieso viel mehr an dem be-
geisterten Blick des Käufers erfreut, als an

dem Geldbetrag selbst. Er nahm sich vor, auch in Zukunft die Preisgestaltung für seine Bilder von ‚der Nase' des Interessenten abhängig zu machen. Also von seinem Verhalten und der Sympathie, die er in Klaus-Dieter hervorrief.

Dieser Preispolitik folgend und beflügelt vom allgemeinen Zuspruch und dem ein oder anderen Verkaufserfolg klemmte er sich eines schönen Tages drei seiner Bilder unter den Arm und marschierte einfach mal in der Galerie am Markt ein. Dieser sah man schon von außen an, dass hier ein etwas gehobeneres Klientel verkehrte und so setzte er auf Nachfrage des Galeristen den Preis pro Bild im vierstelligen Bereich an. Dieser lehnte dankend ab und brachte ein paar Vorwände vor, wie dass er ja wenig Platz habe oder der Stil des Jungmalers nicht hundertprozentig in die Umgebung passe.

Allerdings hatte Klaus-Dieter den Verdacht, dass es mehr seiner Preisvorstel-lungen zu verdanken war, dass er, zumindest vorerst, nicht neben den renommierteren Künstlerkollegen würde hängen können. Wie zum Trotz baute er anschlie-ßend seine drei Bilder um den Marktbrunnen herum auf und verschleuderte seine Werke dort für je 200 DM an Passanten, Kneipengänger und an einen Café-Besitzer.

Mit Joseph Beuys hatte sich eine richtige Brieffreundschaft entwickelt und sie schrieben sich ausführlich und regelmäßig. In ihren Briefen ging es schon lange um die grundsätzlichen Fragen der Kunst, aber auch die des Lebens abseits davon. Beuys war ein hoch politischer Mensch, der die verkrusteten Strukturen der deutschen Politik und Verwaltung anprangerte, so oft es ging.

Dies gefiel seinem Saarbrücker Freund und erweiterte dessen bisherigen Horizont immens. In der ohnehin politisch aufgeheizten Zeit gab es für Gesellschaftskritik und Veränderungswünsche auch massig Angriffsfläche. Und das nicht nur im weltoffenen Düsseldorf, wo Beuys lebte und an der dortigen Hochschule doziert hatte, sondern durchaus auch im vergleichsweise unbedeutenden Saarbrücken.

Beuys berichtete von seinen Kämpfen mit dem ‚Establishment‘, die er auszufechten gezwungen war, da seine Überzeugung, jedem, der es wollte — unabhängig von Werdegang und Talent — das Studium der Künste zu ermöglichen, diametral von denen der Hochschulleitung abwich. Das hatte ihm letzten Endes auch seinen Lehrstuhl gekostet. Er war nämlich nicht bereit gewesen, klein beizugeben und hatte mehrere Jahre in Folge die ihm zuerkannten Kontingente an Studenten, die er aufnehmen durfte, bis auf fast das Zehnfache überschritten.

Seine Berühmtheit hatte diese Entlassung entgegen seiner Hoffnung nicht verhindern können, sondern lediglich die Konsequenzen abgemildert.

Er berichtete, wie er anschließend die Free International University gegründet hatte. Die Idee hinter diesem Verein war es, ein Forum für jedermann zu bieten, der zu gesellschaftlichen und künstlerischen Themen etwas beizutragen hatte. Der angesammelte Wissensschatz und die angebotenen Kurse sollten das verkrustete Bildungssystem ergänzen.

All das faszinierte Klaus-Dieter und regte auch in ihm Interessen an, derer er sich vorher nicht bewusst gewesen war. Aber noch vielmehr interessierten ihn die Berichte über das Treiben seines Vorbilds bei den documenta-Ausstellungen.

An diesen internationalen Zusammenkünften

zeitgenössischer Künstler hatte der Freigeist
seit der dritten Auflage teilgenommen, wobei er
bei dieser noch vergleichsweise unbekannt gewesen und stellenweise belächelt worden war.

Dies änderte sich in der Folge dramatisch.
Inzwischen war der gebürtige Krefelder von den
Ausstellungen nicht mehr wegzudenken und zu einem der bekanntesten deutschen Künstlern avan-
ciert.

Klaus-Dieter studierte jeden Brief mehrfach,
bis ihn endlich der nächste erreichte. Er war
wahnsinnig stolz, dass dieser hochdekorierte
Mann ihm von Zeit zu Zeit seine Aufmerksamkeit
schenkte. Gleichzeitig wagte er es kaum, von
seiner aussergewöhnlich Freundschaft zu erzählen, da er befürchtete, es würde ihm doch niemand glauben.

Zu einem der ganz besonderen Kontakte in die
Szene war Horst Hübsch geworden. Der etwas exzentrische Galerieinhaber hatte Klaus-Dieters
Talent sofort erkannt, als dieser eines Tages
einfach bei ihm hereingeschneit war und ihm eröffnet hatte, dass er gerne in seiner Galerie
ausstellen würde.

Diese lag zwar etwas abseits vom kulturellen
Zentrum der Landeshauptstadt, aber auch zentral
genug, dass es hin und wieder Laufkundschaft
gab. Dies ermöglichte dem selbsternannten Hob-
byphilosophen und Lebenskünstler ein ordent-
liches Auskommen und sollte als Sprungbett für
Klaus-Dieters zukünftige Karriere dienen.

Beeindruckt von der Dreistigkeit und der Über-
zeugungskraft des etwas jüngeren Künstlers hatte der sich bereit erklärt, ihn ein wenig zu
protegieren und auch ein paar Werke auszustellen. Da sie sich auch in ihren Ansichten über
Gott und die Welt sehr ähnelten, freundeten sie

sich an und arbeiteten gelegentlich zusammen. Allerdings eher nebeneinander als miteinander.

Inspiriert durch seinen Austausch mit Joseph Beuys ließ sich Klaus-Dieter auch auf philosophische und politische Debatten mit seinem neuen Künstlerfreund ein und schlug sich dabei stets beachtlich, obwohl der andere sich mit den meisten ihrer Themen schon wesentlich länger befasste und dadurch einen Wissensvorsprung hatte.

Vor ein paar Tagen hatte dieser ihm nun eröffnet, dass er beabsichtige, eine Vernissage zu veranstalten und er sich gut vorstellen könne, dass Klaus-Dieter zusammen mit ihm seine Werke ausstellte. Ihre Stile ergänzten sich und eine gemeinsame Ausstellung würde ein noch breiteres Publikum ansprechen.

Seit dieser Ankündigung legte sich Klaus-Dieter so richtig ins Zeug und verbrachte einen Großteil seiner Zeit mit Horst in der Galerie. Dort produzierten sie gemeinsam Kunstwerke und ließen sich währenddessen über Gott und die Welt aus, wobei die Welt die deutlich größere Rolle einnahm. Im Rahmen des allgemeinen Zeitgeistes waren die beiden Kulturschaffenden sehr involviert, was politische und gesellschaftliche Entwicklungen anging.

Horst hatte dabei den deutlich philosophischeren Ansatz. „Wie ich dir ja schonmal gesagt habe, bin ich der Meinung, dass alles mit allem zusammenhängt. Alles ist miteinander verbunden."

„Das kann schon sein." Dieses Niveau seiner philosophischen Betrachtungen war Klaus-Dieter immer noch ein klein wenig zu hoch.

„Ob im Positiven oder im Negativen. So lange, wie ich lebendig bin, kann ich es spüren, beeinflussen und einfangen. Erst mit dem Tod endet diese Erfahrung für mich."

„Ja, Horst, aber wie genau meinst du das? Wenn ich ehrlich bin, hab ich das schon beim ersten Mal nicht richtig verstanden."

Der Angesprochene blickte erstmals von seinem aktuellen Werk auf. „Ich meine: wenn ich tot bin, werde ich entweder verbrannt oder verrotte langsam im Grab vor mich hin. Dann gehen meine Überreste in die Erde über." Gedankenverloren starrte er durch Klaus-Dieter hindurch, bis sich schlagartig sein Blick aufklarte und sich an seinen Pinsel heftete, wie an einen Anker, der ihn vom weiteren Abdriften abhalten sollte. „Oder nimm zum Beispiel diese Farbe auf meinem Pinsel. Sie könnte austrocknen und brüchig werden."

„Willst du damit sagen, dass wir trotz des Zerfalls durch die Kunst unsterblich sind?"

„Wenn du so willst, irgendwie schon. Ja."
„Ha, dann würde das ja bedeuten, dass ich quasi mit jedem Pinselstrich das Leben von unzähligen Motiven auf meine Leinwand bringe und deren Seelen mit meinem Pinsel verbinde." Er war sich nicht ganz sicher, ob er den Kern der Aussagen des Älteren erfasst hatte, aber inzwischen wusste er, in welche Richtung dessen philosophischen Launen gingen.

„Ja", erwiderte dieser ernst, „Deswegen hast du als Künstler eine Verantwortung und musst mit deiner Darstellung vorsichtig und achtsam umgehen."

„Ich weiß. Deswegen versuche ich die Wahrheit …, aber gut, was ist das schon? Also zumindest meine Sicht der Dinge, meine Idee der Wahrheit einzufangen. Die dann oft auch weitaus tiefer geht, als die Tatsachen oder das oberflächlich Schöne."

Anerkennend nickte Horst ihm zu. „Das sehe

ich genau so. Das erinnert mich an ein Zitat von unserem Professionskollegen Sir Francis Bacon: selbst in der schönsten Landschaft, in den Bäumen, unter den Blättern, fressen sich die Insekten gegenseitig auf; Gewalt ist Teil des Lebens."

„Ich muss oft daran denken, was mir Beuys geschrieben hat", meinte Klaus-Dieter ohne darüber nachzudenken. „Die einzig revolutionäre Kraft ist die Kraft der menschlichen Kreativität. Die einzig revolutionäre Kraft ist die Kunst."

Wie vom Donner gerührt legte Horst linkisch den Pinsel weg und starrte sein Gegenüber an. „Beuys. Du meinst nicht Joseph Beuys, oder?"

„Doch, genau. Joseph Beuys." Klaus-Dieter bemerkte, dass er zum ersten Mal offen über seinen Kontakt mit dem berühmten Künstler gesprochen hatte. Aber Horst würde ihm sicher glauben.

„Und der hat dir geschrieben. Dir?" Horst war einigermaßen verblüfft.

„Ja, wir sind in Briefkontakt. Er will mich sogar nach Düsseldorf einladen."

„Aha, ist das so? Dich will er einladen?" Es schwangen gewisse Zweifel mit.

Der jüngere Mann bemerkte es vor lauter Euphorie gar nicht. „Das hat er geschrieben. Ich lerne so viel von ihm als Künstler, nur von dem, was er mir schreibt. Ich kann es mir nur ansatzweise vorstellen, wie inspirierend es sein muss, mit ihm von Angesicht zu Angesicht zu sprechen."

„Das … kann ich mir lebhaft vorstellen. Wie genau kam es dazu, dass ihr euch schreibt? Du hast mir bisher noch nie erzählt, dass du Beuys kennst."

„Naja, so richtig kenne ich ihn ja noch nicht. Aber ja, das kann ich dir gern nachher mal er-

zählen. Jetzt hab ich erstmal Hunger. Soll ich dir etwas zum Mittagessen aus dem Café mitbringen? Die Baguettes sind echt gut."
 „Keinen Hunger", kam die knappe Antwort.
Als Klaus-Dieter die Galerie verließ, blickte ihm der andere mit einer Mischung aus Unglaube und Ärger nach. Kopfschüttelnd wandte er sich wieder seinem Bild zu und zog eine breite rote Linie von der Hälfte des Bildes schräg nach unten.

Auf dem Weg zum Café kam es Klaus-Dieter in den Sinn, dass er seit seiner peinlichen ersten Begegnung mit der attraktiven Kellnerin und seiner Rückkehr aus der stationären Therapie zwar schon ein paar Mal im Café gewesen war, die junge Frau aber wohl immer verpasst hatte. Vielleicht ging sie ihm auch aus dem Weg und schickte jemand anderen zu ihm, wenn sie ihn bemerkte. Er hatte gerade selbst den Impuls, erst nachzusehen, ob sie da sei und gegebenenfalls umzukehren, da ihm ihre erste Begegnung doch sehr unangenehm war.

Er erinnerte sich vage, dass er aus unerfindlichen Gründen eine falsche Bestellung aufgegeben und vollkommen idiotisch mit der Bedienung diskutiert hatte, dass der Fehler bei ihr lag. Er wusste heute, dass dem nicht so war. Irgendwie hatte er es damals auch schon gewusst. Irgendwo tief in seinem Innern hatte er ihr das gar nicht unterstellen wollen. Er hatte so eine Ahnung, dass das der Wahrheit näher kam, als ihm lieb war. Dass seine eigentliche Persönlichkeit wirklich in seinem Innern gefangen und nicht in der Lage gewesen war, den fiesen Typ zu bremsen, der dieses nette Mädchen drangsaliert hatte. Der fiese Typ, der wohl er selbst war. Unter anderen.

Derart in Gedanken versunken, hatte er ganz vergessen, nach ihr Ausschau zu halten. Es hätte sowieso nichts geändert, weil er unbändigen Hunger und Lust auf eins dieser göttlichen Sandwiches hatte. So war er fast in sie hineingelaufen, als er den heimeligen Hinterhof betrat, in dem sich die Außenbestuhlung befand. Das Objekt seiner Grübeleien war eilig von einem Tisch in die Küche geeilt und hatte ihn wohl kaum wahrgenommen.

Unverständlich murmelte er eine Entschuldigung und setzte sich in eine Ecke. Das Café war gut besucht zu dieser Mittagszeit. Klaus-Dieter vergrub sich in der auf den Tischen ausgelegten Speisekarte, obwohl er sehr genau wusste, auf welches der Sandwiches er heute Lust hatte. Einerseits hatte er die Hoffnung, dass es vielleicht gar nicht zu einer weiteren Begegnung käme und die andere Kellnerin seine Bestellung aufnehmen würde. Andererseits spielte er mit dem Gedanken, sie ob seiner harschen Behandlung um Verzeihung zu bitten.

Während er noch hinter seiner aufgeklappten Karte sinnierte, wie er diese Entschuldigung formulieren sollte, vernahm er auch schon ihre glockenhelle Stimme: „Ach! Wen haben wir denn hier? Der Herr, der sich Tee bestellt und dann doch lieber Espresso möchte."

Als er aufblickte und sie grinsend und mit in die Hüften gestemmten Armen vor sich stehen sah, kam ihm ein verwegener Gedanke. Mit Unschuldsmiene sagte er: „Kennen wir uns?"

Das hatte gesessen. Ihre Augen wurden groß und sie atmete gerade tief ein um ihm eine empörte Standpauke zu verpassen.

„War ein Witz", schob er grinsend nach, bevor sie endgültig explodieren konnte. „Natürlich erinnere ich mich an Sie."

Kokett schürzte sie die Lippen. „Gerade nochmal Glück gehabt. Möchten Sie vielleicht gleich ihre zweite Bestellung aufgeben, damit ich Ihnen diesmal auch das Richtige bringe?"

Ihr schlagfertiges Frotzeln gefiel ihm. „Das können wir so machen. Dann hätte ich gerne ein vegetarisches … quatsch. Nein, ich nehme natürlich das ‚Baguette à la maison'."

„Oh, parles-vous français?"

„Un petit peu, mademoiselle." Klaus-Dieter stieg mit seinem besten falschen französischen Akzent auf ihr Spielchen ein.

„Uh la la, monsieur! Votre Baguette kommt sofort."

Sie rief schon auf dem Weg zur Küche ihre Bestellung hinein.

Der allein gelassene Klaus-Dieter war extrem erleichtert, wie diese Begegnung verlaufen war. Hatte sie sogar mit ihm geflirtet? In dem Fall hatte er wirklich mehr Glück als Verstand. Als sie wieder im Hof erschien, machte er auf sich aufmerksam.

„Könnte ich in der Zwischenzeit noch ein Glas Leitungswasser bekommen, bitte?"

„Kein Problem." Sie drehte wieder um und kam kurz darauf mit einem Glas Wasser wieder. „Voila!"

„Merci beaucoup. Das Baguette bitte zum Mitnehmen. Hatte ich ganz vergessen, zu sagen." Der junge Künstler kramte in seiner Westentasche, entnahm ihr einen Aluminium-Riegel mit Tabletten, drückte eine heraus und spülte sie mit dem Wasser herunter.

Die junge Bedienung war bei ihm stehen geblieben und hatte zugeschaut. „Ich hab Sie länger nicht gesehen. Wo waren Sie denn? Mir wurde gesagt, dass Sie eigentlich zu den Stammgästen hier gehören, die fast täglich vorbeikommen."

„Das stimmt. Ich war in Paris."

„Ah, deswegen sprechen Sie so ein gutes Französisch. Was haben Sie dort gemacht?"

„Ich bin Maler und war dort zum Arbeiten."

„Spannend … Wo haben sie denn das Malen gelernt?

„Das habe ich mir selbst beigebracht. Mein erstes Bild habe ich schon als Jugendlicher in Paris gemalt. Und seitdem bin ich immer wieder dort, um zu malen. Am Place du Tertre, so wie viele andere pariser Kunststudenten und erfahrene Maler."

Mit geöffnetem Mund hatte sie ihm gelauscht und ihr leicht verliebter Blick fesselte gerade den seinen, als ein Kingeln aus der Küche ertönte. Der Blick der süßen Kellnerin klärte sich und so war es auch Klaus-Dieter wieder möglich, woanders hin zu sehen.

„Oh, Ihr Baguette ist fertig. Einen Moment bitte."

Diesen Moment nutzte der junge Mann, um die Schmetterlinge in seinem Bauch zu bändigen. Der Augenblick war allerdings zu kurz, als dass ihm dies vollständig gelang.

„Hier, bitte. Das macht Drei Mark Fünfzig, bitte. Ich schreibe Ihnen auch noch eine Rechnung." Mit diesen Worten kramte sie ihren Block hervor, den sie für größere Bestellungen bei sich trug.

„Ich brauche keine Rechnung."

„Doch, die brauchen Sie."

Er zählte die Münzen ab und legte sie ihr in die Hand. Dieser entnahm er dann seine Rechnung.

„Vielen Dank und haben Sie noch einen schönen Tag. À bientôt."

Lächelnd erwiderte sie seine Wünsche und sah

ihm nach, ehe sie den schon etwas länger winkenden Gast weiter vorne wahrnahm und zu ihm eilte. Erst jetzt betrachtete Klaus-Dieter seine Rechnung. Darauf stand nichts von seinem Baguette oder dessen Preis, sondern einfach nur eine Telefonnummer. Selig lächelnd spazierte er zu Horsts Galerie zurück.

Er konnte es kaum glauben. Nicht nur, dass ihm eine hübsche Frau, die er gut fand, ihre Nummer gegeben hatte. Ausgerechnet die hübsche Frau, der er schon einmal eine sehr merkwürdige Szene gemacht hatte, schien Interesse an ihm zu haben. An ihm, einem Verrückten. Idealerweise sollte sie das niemals erfahren. Zumindest vorerst nicht. Das macht keinen sonderlich guten Eindruck beim ersten Date. Nach dem Motto: „Übrigens, kann sein, dass du heut abend noch ein, zwei weitere Klaus-Dieters kennen lernst. Aber keine Angst, die sind harmlos. Die wollen nur spielen."
  Nein, das würde er zu verhindern wissen! Laut Dr. Weiger müsse er ja nur seine Tabletten nehmen und bei seiner Kunst bleiben, dann würden ihm seine anderen Persönlichkeitszustände weitestgehend erspart bleiben. Sicher würde er ja auch merken, falls die Gefahr einer weiteren Episode bestand. Dann könnte er sich ja bei Dr. Weiger melden und der würde ihm sicher helfen.
  Er schüttelte diesen Gedanken ab und betrat die Galerie, wieder bis über beide Ohren grinsend. Horst war die verbesserte Stimmung seines Kollegen zunächst nicht aufgefallen, da er so in seine Arbeit vertieft war. Klaus-Dieter hatte sich eine Unterlage gesucht und sein Sandwich verdrückt. Danach hatte er es mit Andeutungen geschafft, Horsts Aufmerksamkeit zu erregen und ihm erzählt, was ihm gerade widerfahren war.

„… und dann hat sie mir einfach so mir nichts, dir nichts ihre Nummer aufgeschrieben. Unglaublich, oder?“

„Ja, wirklich unglaublich.“

„Und jetzt weiß ich auch endlich, wie sie heißt: Gabi! Der Name ist doch ganz okay, oder? Eigentlich ganz schön.“

„Ja, schöner Name.“ Nun drangen Horsts knappe Erwiderungen und sein seltsamer Tonfall auch durch Klaus-Dieters rosafarbenen Hirn-Nebel.

„Ist irgendwas?“

„Nein, nein, ich muss mich nur gerade etwas konzentrieren. Ich muss schauen, wie und wo ich diese Pappe am besten platziere.“

„Pappe?“

„Ja, du weißt doch, ich arbeite gerne mit verschiedenen Materialien.“

„Ah, okay. dann will ich dich gar nicht weiter stören. Ich mache auch gleich weiter, damit alles für unsere Vernissage fertig wird. Aber erst muss ich noch Beuys schreiben.“

Horst blickte auf. Mit abfälligem Blick sagte er: „Warum das denn?“

„Na, ich muss ihm doch von dieser frohen Botschaft berichten, dass mich scheinbar mal eine Frau gut findet! Das kommt so oft nicht vor!“

„Und der interessiert sich für sowas?“ Irgendwie konnte Horst die Sache mit der Brieffreundschaft nicht recht glauben. Aber warum sollte sein Mitkünstler so etwas erfinden?

„Klar! Er erzählt mir ja auch von seinen Frauengeschichten.“ Klaus-Dieter lehnte sich zu ihm herüber und wurde etwas leiser. „Und die sind manchmal ganz schön … speziell.“

Das machte es für Horst endgültig unglaubwürdig. Warum auch immer ihm der andere einen Bären aufband, er hatte keine Zeit und keine Nerven für so etwas.

„So, so. Sei mir nicht böse, aber ich möchte nun echt in Ruhe arbeiten." Mit diesen Worten wiegelte er jedes weitere Gespräch ab.

Klaus-Dieter störte es nicht sonderlich. Achselzuckend zerknüllte er das Papier, in das sein Sandwich eingewickelt gewesen war, wusch sich die Hände und machte sich daran, seinem Freund Beuys einen Brief über seinen Triumph in Sachen Damenwelt zu schreiben. Dabei musste er nichts auslassen und konnte auch seine Vorgeschichte mit der jungen Dame beschreiben, was er sich bei Horst natürlich verkniffen hatte.

Nachdem das erledigt war, widmete er sich wieder seiner Staffelei, auf der ein angefangenes Bild auf seine Vollendung wartete. Der Maler erledigte dies mehr oder weniger mechanisch, da schon sein nächstes Motiv in seinem Kopf darauf wartete, auf Leinwand gebannt zu werden.

Beschwingt von seinem Erfolg bei der süßen Kellnerin hatte Klaus-Dieter noch zwei weitere Bilder fertiggestellt, wobei eins davon nicht die Kriterien erfüllte, die er und Horst für ihre gemeinsame Vernissage formuliert hatten. Allerdings handelte es sich dabei kaum um quantifizierbare Eigenschaften, mehr so um das Gefühl beim Betrachten der Bilder.

So hatten sie vor ein paar Tagen schon die Spreu vom Weizen getrennt, um sicher zu stellen, dass bei ihrer Ausstellung nur die Besten der Besten präsentiert werden würden. Und bei einem der beiden heutigen Werke waren sie sich stillschweigend einig, das auch dieses sich nicht qualifizierte.

Also hatte sich der euphorisierte junge Mann kurzerhand dieses und drei weitere der aussortierten Bilder unter den Arm geklemmt und hatte sich auf den Weg zum Marktbrunnen gemacht.

Nicht nur hielt er sich dort schon immer gerne auf, er hatte da ja auch schon erste Verkaufserfolge gefeiert.

Der St. Johanner Markt war ein beliebter Treffpunkt der Einwohner der Stadt, aber auch für Auswärtige. Klassisches Markttreiben wie in alten Zeiten gab es nur noch Samstag morgens und die Anziehungskraft der regionalen Händler hielt sich in Grenzen. Aber die Kneipen und Cafés, die sich um den Marktplatz herum aufreihten, zogen dafür umso mehr Menschen auch aus dem Umland an. Wie an jedem zentralen Ort in größeren Städten buhlten auch hier verschiedene Kleinkünstler um die Aufmerksamkeit der zahlreichen Passanten.

Um sich von diesen abzuheben, hatte Klaus-Dieter seine Kunstwerke an erhöhter Stelle um das eigentliche Becken des Brunnens platziert. Dennoch blieb ihm nichts anderes übrig, als Bild für Bild über den Marktplatz zu tragen und die potenziellen Kunden aktiv anzusprechen.

„Entschuldigung, bleiben Sie bitte mal einen kurzen Moment stehen und schauen sich meine Gemälde an. Nein? Sie gehen einfach weiter. Okay …" Er hatte schon früher gelernt, dass Gemälde auf dem Markt verkaufen nicht das einfachste Gewerbe darstellte. Die Irritation der Passanten, die es höchstens gewohnt waren, auf dem Markt angebettelt zu werden, hatte er sich auch schon zunutze machen können, aber im Allgemeinen nahmen ihn die Leute kaum ernst.

Allerdings machte sich der junge Künstler nichts aus der gelegentlichen Ablehnung, sondern ging einfach zum nächsten potenziellen Interessenten über.

„Sie sehen umwerfend aus! Deswegen würde Ihnen dieses Bild sehr gut stehen!"

Wieder kein Glück, mit einer ablehnenden Geste

eilte die hübsche Frau weiter.

„Hallo! Ist das nicht ein wunderbarer Tag? Interessieren Sie sich für Kunst?"

Der angesprochene Mann fortgeschrittenen Alters blieb stehen, wirkte überrumpelt. „Ja, schon ein wenig. Ich …"

Klaus-Dieter ließ ihn nicht ausreden. Wenn man den Fisch an der Angel hatte, musste man die Leine schnell einholen. „Das ist ja prima! Dann schauen Sie sich doch mal meine Gemälde an. Wie dieses hier." Er hielt ihm sein Bild vor die Nase und verstellte ihm geschickt den Fluchtweg.

„Wie finden Sie es? Ich mache Ihnen auch einen besonders guten Preis. 300 Ocken."

So langsam hatte sich der Passant von der Überraschung erholt und schob das Gemälde etwas herab, um den Künstler zu beäugen. „Moment mal. Kann es sein, dass Sie mich mal gefahren haben?"

„Ja, kann schon sein, in einem meiner vorigen Leben war ich mal Taxifahrer. Doch nun bin ich Künstler. War ich eigentlich schon immer. Aber irgendwie muss man ja die Rechnungen bezahlen. À propos, gefällt Ihnen das Bild?"

„Sie haben auf jeden Fall Talent. Ich würde gerne noch etwas darüber nachdenken. Wo kann ich Sie denn antreffen, wenn Sie nicht gerade hier sind?"

„Gut, dass Sie fragen." Klaus-Dieter war in seinem Element. „Zusammen mit Horst Hübsch — kennen Sie ihn?- werde ich meine erste Vernissage veranstalten. Ab nächster Woche. Kommen Sie doch dort vorbei. Die Galerie befindet sich in der Mainzer Straße. Dann können wir bestimmt auch am Preis noch etwas machen …"

„Schön, danke. Ich überleg' es mir. Dann noch einen schönen Tag und bis nächste Woche."

„So machen wir's! Ihnen auch noch einen schönen Tag."

Klaus-Dieter ging zum Brunnen und tauschte das
Bild aus, das er umhertrug.

„Das läuft doch gar nicht so schlecht", sagte
er zu sich selbst.

Dieses Vorgehen praktizierte der Künstler an
diesem Tag noch einige Stunden. Die Mehrzahl
der Passanten ignorierte ihn oder speiste ihn
wenigstens mit ein paar höflichen Worten der Ablehnung ab. Mit einigen kam er aber zumindest
ins Gespräch. Allein das machte ihm schon rie-
sigen Spaß, da es wenig gab, worüber er lieber
referierte, als seine Kunst. Und ein wenig Bestätigung, wenn auch nur in Form warmer Worte,
tun ja einem jeden gut.

So hatte er am Ende des Tages zumindest jede
Menge Werbung für ihre gemeinsame Kunstausstel-
lung gemacht und nicht zuletzt auch wieder zwei
Bilder an kunstbeflissene Marktbesucher verkauft. Alles in allem verbuchte er diesen Tag
als einen sehr erfolgreichen.

Zur Feier des Tages kehrte er am Abend in der
‚Gießkanne' ein, wo er einen Teil seiner Ver-
kaufserlöse darauf verwendete, sich selbst und
dem ein oder anderen lieb gewonnenen Bekannten,
einen feucht-fröhlichen Abend zu ermöglichen.
Allerdings zog er sich beizeiten zurück, da er
ja in der Frühe wieder mit seinem Tagwerk fort-
fahren musste, um in der nächsten Woche genügend Gemälde ausstellen zu können, was er auch
jedem erzählte, der es hören wollte. Oder von
dem er das zumindest annahm.

An diesen Plan hielt er sich die ganze Woche. Er
stand in aller Herrgottsfrühe auf und fing nach
einer Tasse Espresso sofort mit dem Malen an.
Ab und zu passierte es, dass er sich so sehr

in sein Werk vertiefte, dass er alles um sich herum vergaß.

So auch an diesem Tag. Immer wieder trat er ein paar Schritte zurück, um besser sehen zu können, was seinem aktuellen Bild noch fehlte, damit es in seinen Augen perfekt wurde. Es war bereits sein zweites Gemälde an diesem Tag und es ging schon auf den Abend zu, als sein Telefon klingelte.

In seinem regelrechten Wahn nahm er das Geräusch erst beim dritten schrillen Klingeln seines Telefonapparats wahr. Genervt warf er den Pinsel auf den Tisch neben seinen Staffeleien und stapfte hinüber zu dem Tischchen, das bei seiner Wohnungstür stand und neben einer Keramikschale für die Schlüssel sein altes, beigebraunes Wählscheibentelefon beherbergte.

Im Vorübergehen fiel sein Blick kurz auf seinen Küchentisch auf dem nicht nur das bereitgelegte Frühstück unangerührt auf ihn wartete, sondern auch die Tablettenschachtel, der er heute ebenso noch keine Aufmerksamkeit geschenkt hatte. Schnaubend eilte er vorbei und hatte den Anblick bereits vergessen, als er mit einem genervten „Ja!?" den Hörer von der Gabel nahm.

„Oh, störe ich?" Eine vertraute, zarte Frauenstimme berührte etwas in seinem Inneren und brachte ihn unverzüglich von der sprichwörtlichen Palme herunter.

„Gabi?" Freude, Irritation und Hoffnung mischten sich in dieser Frage.

„Ja, ich bin's. Entschuldige, ich musste an dich denken und dachte so: Ich kann ja auch mal anrufen."

„Nein, super. Ich freu' mich. Ich war nur gerade konzentriert am Zeichnen und wusste nicht, wer anruft und … ich bin auf jeden Fall sehr froh, dass du es bist." Der verbissene Ausdruck, den sein Gesicht quasi schon den ganzen Tag geziert hatte, löste sich langsam und machte Platz für ein mildes Lächeln.

„Schön. Ich hab dich heute im Café vermisst. Alles okay bei dir?"

„Alles gut bei mir. Ich bin nur in den letzten Zügen, um die Vernissage mit Horst Hübsch vorzubereiten. Ich möchte noch die ein oder andere Zeichnung fertigstellen, aber gerade komme ich nicht so richtig voran. Und das ärgert mich. Du kommst doch zur Vernissage nächste Woche?!"

„Natürlich, ich hab mir doch dafür extra frei genommen."

Klaus-Dieter klemmte sich den Hörer zwischen Kopf und Schulter, schnappte sich den Apparat und testete aus, ob das Kabel lang genug war, um telefonierend zur Staffelei zurückzukehren und weiter zu arbeiten. Es klappte. Nach ein paar Strichen meinte er frustriert: „Ich bekomme den Moment der völligen Entblößung nicht richtig eingefangen."

„Was bekommst du nicht?"

„Ach, bei meiner Zeichnung. Ich komme einfach nicht auf die Essenz. Den Ausdruck. Irgendetwas stimmt nicht."

„Du bekommst das hin! Ich kenne doch deine Werke. Die sind alle wunderschön." Gabi schwärmte immer so von seinen Bildern. Gerade ärgerte ihn das.

„Das sollen sie aber gar nicht sein. Sie sollen tiefer gehen. Du kommst doch zur Vernissage?"

Den Telefonhörer fest in die Halsbeuge geklemmt, mit der Linken das Telefon hoch haltend, dabei mit der Rechten hektisch zeichnend stand er vor der Leinwand.

„Ja, sicher komme ich. Habe ich dir doch gerade eben gesagt."

„Entschuldige. Ich war mit meinen Gedanken …

Das freut mich! Du, sei mir nicht böse, ich würde nun auflegen wollen. Nicht, dass ich es nicht genieße, mit dir zu reden. Aber du weißt ja, ich muss …"

„Kein Problem", schnitt sie seine gestammelte Rechtfertigung ab, „einen Maler sollte man nicht aufhalten. Wenn du morgen ein bisschen Zeit erübrigen kannst, komm doch auf einen Espresso ins Café. Ich lade dich ein."

„Danke, ich schau mal. Schlaf gut … und danke für deinen Anruf."

Klaus-Dieter stellt den Fernsprecher auf den Küchentisch, ohne den Blick von seinem Bild abzuwenden, wodurch er leider auch keinen zweiten Blick auf die Tablettenschachtel warf.

Die nächsten Tage arbeitete der junge Künstler fieberhaft an seinen letzten Werken für die gemeinsame Ausstellung. Hin und wieder tat er das auch im Atelier, vornehmlich dann, wenn er genug von der Einsamkeit seiner Wohnug hatte. Aber auch, weil er sich Hilfe und Inspiration von dem erfahreneren Maler erhoffte.

Einen Tag vor ihrer geplanten Vernissage betrat er mal wieder das gemeinsame Atelier von ihm und Horst Hübsch. Zunächst konnte er seinen Kollegen nicht ausmachen, was ihm aber ins Auge fiel, war die Tatsache, dass seine Bilder allesamt an die Wand auf seiner Seite ihres Arbeitsbereichs gestellt worden waren. Und nicht nur das. Ebenso war seine Staffelei zusammengeklappt und seine Malutensilien in Kisten und Tüten gepackt daneben gestellt worden. Vollkommen verwirrt durchsuchte er hektisch die Räumlichkeiten.

„Horst? Horst, bist du da?" Im Hinterzimmer wurde er fündig. „Kannst du mir bitte erklären, was das hier soll? Warum stehen denn meine Sachen hier in der Ecke? Hast du schon angefangen für die Vernissage zu packen? Das wollten wir doch gemeinsam machen!"

„Nein, du wirst das Atelier verlassen." Horst wirkte sehr abweisend.

„Was? Warum das denn?" Klaus-Dieter war wie vor den Kopf gestoßen.

„Weil wir nicht mehr zusammen arbeiten werden."

„Und die Vernissage morgen?"
„Hab ich abgesagt."

„Das kann nicht sein. Hör auf, mich zu verarschen. Lass uns einfach zusammen vorbereiten."

Klaus-Dieter wartete Horsts Reaktion nicht ab, sondern kniete sich neben seine Sachen und begann, sie wieder auszupacken. Er merkte nicht, dass der andere einen Schritt auf ihn zu machte.

Dieser wurde laut. „Klaus-Dieter. Ich meine es ernst. Ich möchte, dass du verschwindest!"

Der Angesprochene hob ebenfalls die Stimme. „Nenn mich nicht so. Ich pack' das nun hier aus. Wir haben morgen eine Vernissage!"

„Nein, haben wir nicht! Und jetzt nimm endlich dein Zeug und verschwinde!"

Das konnte doch nicht sein. Zahlreiche Leute warteten doch nur darauf, ihre Bilder zu bewundern. Und natürlich zu kaufen. Der ehemalige Taxifahrer packte kniend weiter seine Sachen aus. Er konnte sich keinen Reim auf das Verhalten seines Partners machen. Welche Laus war ihm nur über die Leber gelaufen?

Unterdessen war dieser an ihn herangetreten und legte eine Hand auf die linke Schulter des Knienden. Dieser schlug mit der rechten Hand auf die des älteren Malers und drückte sie fest zusammen. Was sollte das werden? Wollte er ihn angreifen? Klaus-Dieter wurde endgültig wütend. „Fass mich nicht an! Ver-standen!?"

Er ließ die Hand auf seiner Schulter wieder los, worauf sie schnell zurückgezogen wurde. Verblüfft massierte Horst den Schmerz weg. Er hatte ja erwartet, dass der junge Mann nicht gerade begeistert sein würde. Aber mit einer körperlichen Auseinandersetzung hatte er nun wirklich nicht gerechnet.

Diese schien sich aber gerade anzubahnen. Der ehemalige Kollege wand sich langsam und bedrohlich um und funkelte ihn mit diabolischem Blick an. Horst war starr vor Angst. Der andere richtete sich gemächlich auf und positionierte sich mit beängstigender Langsamkeit direkt vor Hübsch. Mit messerscharfer Stimme, die Horst so noch nie vernommen hatte, sprach der wütende Mann: „Du verdammtes kleines Arschloch … willst du mir nicht zumindest sagen, warum!? Hm? Warum soll ich mich verpissen?“

„Genau wegen solch einem Verhalten.“
„Was?“

„Wegen deinen Wutausbrüchen. Wenn du anfängst, Pinsel zu zerbrechen, Farbe auf den Boden zu werfen oder Leinwände zu zerreißen, wenn dir mal was nicht passt.“

„Was redest du da? Das stimmt nicht.“ Klaus-Dieter war ehrlich verblüfft. Sofort verrauchte ein Teil seiner Wut. Was erzählte Horst da? Vielleicht war er in den letzten Tagen etwas frustrierter gewesen als sonst. Bei den letzten Werken hatte er einfach nicht die Perfektion erlangen können, die er anstrebte. Aber er hatte sich doch nicht aufgeführt wie ein Berserker. Oder doch?

„Oh, doch“, kam die knappe Erwiderung.
„Nein, du bist derjenige mit Aggressionsproblemen! Du bist doch der, der immer herumschreit!“

„Jetzt hör aber auf! Und das ist immer noch mein Atelier, klar?! Das sind meine vier Wände und in meinen vier Wänden kann ich mich verhalten, wie ich es für richtig halte. Vor allem, wenn ich mit jemandem wie dir arbeiten muss! Du warst doch noch nie in Paris, was bist du überhaupt für ein Künstler, der noch nie das Centre Pompidou gesehen hat. Das mit dir war die mit Abstand bescheuertste Idee, die ich je hatte!"

Die beiden Männer kamen sich immer näher. So nah sich die Gesichter waren und so erregt sie sich ankeiften, landete der ein oder andere Speicheltropfen im Gesicht des jeweils anderen.

„Es war die bescheuertste Idee, sich auf DICH einzulassen. Künstler. Dass ich nicht lache! Sperrmüll ist das, was du da machst. Zerrissene Pappe mit Stofffetzen und Müll!"

„So siehst du das? Ja?!"

„Ja, so sehe ich das!" Nun gab es kein Halten mehr. „Wenn Beuys das sehen würde, der würde dich auslachen!"

Auch Horst eskalierte nun völlig. „RAUS! SOFORT RAUS MIT DIR! VERSCHWINDE!"

Einen kurzen Moment noch fochten die beiden mit ihren Blicken ein feuriges Duell aus. Klaus-Dieter wurde es zu dumm. Abrupt wandte er sich um und sammelte so viele seiner Bilder ein, wie er tragen konnte und stellte sie an die Tür. Noch einmal durchquerte er den Raum, packte den Rest und stellte alles zusammen. Er versuchte alles auf einmal hochzuheben, was aber von vorn-herein zum Scheitern verurteilt war.

Gezwungenermaßen ließ er ein paar seiner Werke und eine Tasche mit Farben und Pinseln an der Tür stehen. Vollbeladen stieß er linkisch mit dem Fuß die Tür auf und wandte sich im Durchgang wieder um, wobei ihm die Tür in den Arm fiel und seine Bemühungen fast zunichte gemacht hätte. „Ich komme wieder und hole den Rest!"

Klaus-Dieter stolperte mehr durch die Mainzer Straße als dass er lief. Vor sich hatte er mehrere Bilder mit einer Hand an die Brust gepresst, an der auch eine vollgepackte Plastiktüte hing. Die andere Hand hielt umständlich über seine Schulter hinweg das größte Gemälde, das er im Atelier angefertigt hatte, mit der bemalten Seite zu seinem Rücken hin.

Für die Menschen, die um diese Zeit auf der Straße unterwegs waren, bot er ein recht verstörendes Bild. Vor allem die Leute, die hinter ihm gingen, konnten den Eindruck gewinnen, er stelle eine merkwürdige Jesus-Imitation dar, da die Verstrebungen der Leinwand, die er auf dem Rücken trug, dort ein exaktes Kreuz bildeten, das er nun durch Saarbrücken schleppte.

Der aufgewühlte Künstler ahnte davon nichts als er in Richtung zuhause wankte. Trotz der frühen Tageszeit und des einigermaßen klaren Himmels, kam es ihm eher so vor, als würde er durch die Dämmerung taumeln. In seinem Kopf herrschte noch tiefere Düsternis. Mit nach links geneigtem Kopf plapperte er zornig vor sich hin:

„Echt, Docteur Heidelberg, wie oft habe ich dir gesagt, du sollst nicht in solchen Momenten nach vorne kommen … Nein, nein, nein! Und dann in letzter Zeit offenbar noch ungefragt. Ohne Absprache. Siehst du, was du gerade vermasselt hast …“

Sein Kopf kippte nach rechts. Gleichzeitig wurde seine Stimme höher und eindringlicher. „Das war Verrat, was der da gemacht hat. Verrat! Hast du nicht gesehen, was das für ein Mensch ist?! Du solltest dich fernhalten, er ist nicht gut für dich.“

Passanten waren ausgewichen, hatten ihn erschrocken oder mitleidig angestarrt. Nun, da Docteur Heidelberg mit seiner schrillen Stimme sprach, wechselten sogar Menschen die Straßenseite. Der vollgepackte Künstler merkte nichts davon. Wieder pendelte sein Kopf auf die andere Seite. „Toll! Jetzt muss ich schauen, wie ich klar komme. Danke auch!"

Völlig erschöpft und aufgelöst warf sich Klaus-Dieter auf seine Couch, als er endlich all seine Sachen vom Atelier in die Wohnung transportiert hatte. Während er so vollgepackt halb Saarbrücken durchquerte, hatte er sich tatsächlich etwas abgeregt und sich mit der neuen Situation arrangiert.

Auch der Ärger über Horst und seine Behandlung war verraucht. Ihm war relativ schnell klar geworden, dass er dafür selbst verantwortlich war. Zumindest irgendwie. Er hatte gleich den Verdacht gehegt, dass es in der stressigen Situation im Vorfeld seiner ersten Ausstellung außerhalb der geschützten Umgebung des Therapiezentrums, wohl zu ‚impulsiven Persönlichkeitswechseln' gekommen war, wie seine Therapeuten es genannt hatten. Er nahm auch stark an, dass die ein, zwei Mal, die er vergessen hatte, seine Tabletten einzunehmen, dabei auch eine gewisse Rolle gespielt hatten. Wenn er ganz ehrlich war — und zu wem, wenn nicht zu sich selbst sollte man vollkommen ehrlich sein — waren nicht alle Gelegenheiten, in denen er ohne Medikamente auskommen musste, reine Versehen gewesen. Ein wenig hatte er, in der Überzeugung sich und seine anderen Ichs im Griff zu haben, mit seinem Zustand experimentiert.

Er war zu der Überzeugung gelangt, dass die ein oder andere seiner Persönlichkeiten durchaus nützliche Eigenschaften besaß. Das hatte er schon früher gemutmaßt. Zum Beispiel schien es eine Instanz seiner selbst zu geben, die besonders eloquent und souverän im Umgang mit Frauen war. Eine weitere, die er für sich Docteur Heidelberg genannt hatte, war besonders durchsetzungsfähig. Leider aber wohl auch sehr aufbrausend.

Und entgegen seiner bisherigen Überzeugung, hatte zumindest der Docteur sich in den letzten Tagen wohl auch mal eigenmächtig ‚in Dienst versetzt‘. Das war offensichtlich, da Klaus-Dieter sich tatsächlich in keinster Weise entsinnen konnte, im Atelier herumgetobt und Dinge zerbrochen oder verschüttet zu haben.

Gelegentlich hatte er einer der ihm bekannten Persönlichkeiten gestattet, ‚nach vorn zu treten‘. So hatte er den Wechsel der Persönlichkeiten benannt. Bei diesen Gelegenheiten war er sich der Tatsache auch umfänglich bewusst und sein eigentliches Ich war weiterhin präsent geblieben und hatte mitverfolgt, was die andere Persönlichkeit gesagt und getan hatte. Und sich hinterher auch daran erinnert.

Diesmal war es offensichtlich anders gewesen. Das ärgerte ihn, sah er doch in den kontrollierten Wechseln so was Ähnliches wie seine Superkraft. Wie bei den Helden aus den amerikanischen Comic-Heften hob ihn diese von der Masse der anderen Menschen ab und wie die Figuren dort konnte auch er diese Kräfte zum Guten einsetzen. In erster Linie aber eben für sich selbst.

Der unkontrollierte Wechsel, der kaum von der Hand zu weisen war, ängstigte ihn aber nun so weit, dass er sich voller Überzeugung vornahm, in Zukunft seine Tabletteneinnahme mit mehr Sorgfalt zu behandeln. Zusammen mit diesem Entschluss fasste er auch neue Kraft und sprang regelrecht vom Sofa auf. Die Dinge standen nun so, wie sie standen. Gut, es gab keine Vernissage mit Horst mehr, aber das war kein Weltuntergang. Er war nach wie vor Künstler. Und er hatte in Gabi eine liebevolle Freundin. Sein Leben war gut.

Beflügelt von diesen Gedanken machte er sich ein wenig frisch und auf den Weg zum Café, in dem er Gabi antreffen sollte. Er hatte die Idee, sie dort abzuholen und nach ihrer Schicht ein wenig Zeit mit ihr zu verbringen, um auf andere Gedanken zu kommen.

Sein Plan hatte nahezu perfekt funktioniert. Gabi hatte sich riesig über sein Erscheinen gefreut und er hatte nur eine halbe Stunde warten müssen, bis sie Feierabend machen konnte. Diese Zeitspanne hatte er dazu genutzt, sich mit einem Espresso und einem Sandwich zu stärken, während er in der ausliegenden Ausgabe der Saarbrücker Zeitung blätterte.

Sie waren auf die Spicherer Höhen gefahren, ein naturbelassener Landstrich im Grenzgebiet zwischen Deutschland und Frankreich, der direkt vor den Toren Saarbrückens lag. Sie besuchten allerdings nicht die Mahnstätte, die an die Gräuel des zweiten Weltkriegs und die ehemals erbitterte Feindschaft der zwei Nationen erinnern sollte, die hier oben in einer fürchterlichen Schlacht gegipfelt hatte, sondern wollten über die Felder und Wiesen spazieren, die sich heute dort erstreckten.

An diesem milden Spätsommer-Nachmittag war es dort herrlich. Die Wiesen standen in voller Blüte und das Pärchen genoss bei ungezwungenen Gesprächen ihre Zweisamkeit. Besonders Gabi war selig vor Glück über den spontanen Einfall ihres Freundes, schmiegte sich so gut wie beim Händchenhalten möglich an die Seite des jungen Malers und himmelte ihn nahezu ununterbrochen an. Diese unbeschwerte Atmosphäre litt ein wenig, als Klaus-Dieter sich dazu durchrang, ihr von den Geschehnissen am heutigen Vormittag zu berichten. Gabi war schockiert vom Verhalten Horst Hübschs und voller Mitgefühl für die Lage ihres Freunds.

„Ich komm' immer noch nicht drüber hinweg. Das war ein regelrechter Kampf zwischen uns! Ich versteh' das nicht. Man sollte sich doch gegenseitig unterstützen und nicht gegeneinander kämpfen."

„Eigentlich schon."
„Ich hab jetzt alles in meiner Wohnung aufbauen müssen. Da ist nun mehr Kunst als Lebensraum."

„Aber das IST doch dein Lebensraum. Und was mit Horst war … ich weiß ja auch nicht, was da zwischen euch vorgefallen …"

Weiter kam sie nicht, da Klaus-Dieter ihr gereizter als beabsichtigt dazwischen-fuhr. „Stellst du dich nun auf seine Seite, oder wie?"

„Nein, natürlich nicht."
„Gut. Das hoffe ich für dich."

Gabi verstand seine Erregung und lenkte ihn ab. „Komm, lass uns über etwas anderes reden. Magst du vielleicht heute mal wieder bei mir übernachten?"

„Oh", Klaus-Dieter war nicht sicher, ob das eine gute Idee war. „Ehrlich gesagt fühl' ich mich gerade nicht so sehr nach Nähe. Ich glaub, ich brauche etwas Zeit für mich."

Doch Gabi ließ nicht locker. „Och, bitte. Du bist schon länger nicht mehr über Nacht bei mir geblieben. Ich werde auch besonders gut zu dir sein", versprach sie mit verführerischem Augenaufschlag. „Und wenn du einen Moment für dich brauchst, lass' ich dich auch in Ruhe."

„Versprochen?"
„Versprochen." Sie drehte sich vor ihn und nahm

auch seine andere Hand in die ihre, wobei sie ihm tief in die Augen blickte. „Was meinst du …?“

Klaus-Dieters Blick hellte sich schlagartig auf und mit veränderter Stimme sagte er: „Mon Amour, wenn das so ist, bleibe ich doch sehr gerne, ce soir!“ Mit auf und ab wippenden Augenbrauen schlängelte er sich wie eine Raubkatze auf sie zu. Gabi machte sich kichernd los und flüchtete spielerisch vor ihrem Freund. Natürlich nicht ohne regelmäßig langsamer zu machen und sich umzuwenden. Mit kurzer Verzögerung jagte der junge Mann ihr nach, bis er sie einholte und mit den Armen andeutete, dass er sich auf sie stürzen wolle, woraufhin sie sich freudig lachend umarmen ließ und sie sich lange innig küssten.

Sie hatten sich auf den Rückweg zum Auto gemacht und waren dabei einen Schritt schneller gegangen, weil sie es nun kaum erwarten konnten, zu Gabi nach Hause zu kommen. Selbst während der Fahrt hatten sie Händchen gehalten, allerdings gelegentlich kurz unterbrochen, wenn Klaus-Dieter mal schalten musste.

Bei Gabi angekommen hatten sie aber nicht das Klischee aus den Hollywood-Filmen erfüllt und sich bereits im Hausgang die Kleider vom Leib gerissen. Sie hatten sich regelrecht gesittet auf Gabis Bett gesetzt und die Hausherrin hatte ihrem Freund vorgeschlagen, seinen Kopf auf ihre Beine zu legen und sich ein Weilchen verwöhnen zu lassen.

Während sie zärtlich seine Schläfen massierte, sein Gesicht und seine Brust strei-chelte, konnte dieser derart loslassen, dass er sich gar nicht entsinnen konnte, jemals zuvor so entspannt gewesen zu sein. Er konnte nur noch

daran denken, wieviel Glück er hatte, mit ihr
zusammen zu sein.

Als sie sich herunterbeugte und anfing sein
Gesicht zu küssen, wurden sie allmählich von
der Leidenschaft gepackt. Klaus-Dieter richtete
sich auf und unter unaufhörlichen Küssen begannen sie, sich nun doch hektisch ihrer Kleidung
zu entledigen und erforschten tastend den Körper des jeweils anderen.

Zärtlich, fast schon zaghaft, umfasste der
Künstler ihre kleinen, festen Brüste, streichelte sanft ihre aufgerichteten Brustwarzen
und ging langsam in ein leichtes Kneten über.
Gabi streichelte ihrerseits seinen Oberkörper
und wuschelte verspielt durch seine Brustbehaarung. Immer wieder unterbrochen von gemeinsamen
Anstrengungen, ihre letzten Kleidungsstücke los
zu werden.

Als sie dies erfolgreich erledigt hatten und
immer weiter küssend voreinander knieten, zog
Gabi ihren Freund an seinem Hintern mit Bestimmtheit an sich und sie purzelten übereinander, da sie zeitgleich ihren Halt verloren,
als ein bestimmter Neigungswinkel überschritten
war. Kichernd lösten sich ihre Lippen voneinander, worauf Gabi plötzlich ihre Hände seitlich
an seinen Kopf legte, ihm tief in die Augen
blickte und sagte: „Ich bin froh, dass du geblieben bist.“

Klaus-Dieter war überwältigt vor Glück, sein
Grinsen wurde immer breiter, bis er es aufgab,
um sie wieder leidenschaftlich küssen zu können. Ihre Hände erkundeten nun die intimsten
Körperstellen des anderen, bis sich Klaus-Dieter auf sie rollte und sie ihn mit den Schenkeln
in eine feste Umklammerung nahm. Die erhitzten
Körper schmiegten sich derart eng aneinander,
als wollten sie ineinanderkrabbeln, was ihnen

schließlich zumindest stellenweise auch gelang.

Irgendwann hatten sie sich erschöpft voneinander gelöst und händchenhaltend nebeneinander gelegen, bis sie glückselig eingeschlafen waren. Als am nächsten Morgen die Sonnenstrahlen bis zu seiner Bettseite gewandert waren, erwachte Klaus-Dieter als erstes. Nach einem kurzen Moment der Verwirrung — schließlich wachte er nur sehr selten in einem fremden Bett auf — betrachtete er, nach wie vor selig grinsend, eine Weile seine Freundin, deren Nackheit nur teilweise von ihrer Bettdecke verhüllt wurde. Darauf machte er sich daran, so leise wie möglich aus dem Bett zu schlüpfen, da er Gabi nicht wecken wollte. Auf leisen Sohlen ging er in die Küche, wo noch sein Glas Wasser vom Vorabend stand. Auf dem Weg dorthin hatte er schonmal ein paar seiner verstreuten Kleidungsstücke aufgesammelt. Das Glas leerte er in einem Zug. Auf dem Weg zurück ins Wohnzimmer entdeckte er seine übrige Kleidung und begann, sich anzuziehen, auch hierbei darauf bedacht, möglichst wenig Lärm zu machen.

Als er seine Jeans hochzog, bemerkte er, dass etwas in der Hosentasche steckte, das sich bei seinen Bemühungen ein Stück weit herausgeschoben hatte. Es handelte sich um einen Briefumschlag, der an ihn adressiert war. Stirnrunzelnd versuchte er sich zu erinnern, wie der wohl in seine Hosentasche gelangt war. Er hatte aber beim besten Willen keine Ahnung, wann und wie er ihn da reingesteckt hatte. Was ihn etwas beunruhigte.

Aber seine Neugier siegte über die Beunruhigung und er öffnete den Briefumschlag hastig. Er entnahm ihm einen Brief, sowie einige Geldscheine. Völlig irritiert entfaltete er den

Brief und begann zu lesen. Sogleich hellte sich seine Miene auf und verwandelte sich schlagartig in ein Strahlen.

„Oh mein Gott!!! Er hat mir sogar das Geld für die Zugfahrt geschickt! Gabi, Gabi, wach auf!" Jegliche Rücksicht war vergessen, er wollte nur noch diesen Glücksmoment mit ihr teilen.

Gabi war erwacht, aber völlig orientierungslos angesichts seiner Freudenausbrüche. „Was … ist … los?"

„Gabi, schau! Hier!" Er fuchtelte mit dem Brief vor ihren Augen herum. Selbst wenn sie schon vollständig wach gewesen wäre, hätte sie so nichts darauf lesen können. Sie versuchte gerade, diesen Umstand in Worte zu kleiden, da plapperte Klaus-Dieter auch schon weiter. „Ich muss los. Ich muss packen! Ich muss gehen!"

Er schaffte es gerade noch, ihr einen Kuss auf die Stirn zu hauchen, da stolperte er schon Richtung Wohnungstür, während er den Brief und das Geld wieder in der Hose verstaute und gleichzeitig sein Hemd und seinen Pulli überzog. Ehe Gabi so richtig zu sich gekommen war, fiel schon ihre Wohnungstür ins Schloss.

Sehr früh am nächsten Morgen befand sich der euphorisierte Künstler samt Koffer und Jacke auf dem Bahnsteig von Gleis drei des Saarbrücker Hauptbahnhofs. Er hatte sich an das Gebäude der Bahnhofsmission gelehnt, da er fast den ganzen Weg von seiner Wohnung hierher gerannt war. Außer ihm stand nur noch ein älterer, sehr elegant gekleideter Mann am Bahnsteig.

Klaus-Dieter konnte nicht an sich halten. Ein dringendes Kommunikationsbedürfnis ließ ihn zu dem Herrn herübergehen. „Entschuldigen Sie, hier fährt der Zug nach Düsseldorf ein, stimmt's?"

„Ja, genau. Er sollte jeden Moment eintreffen", antwortete dieser freundlich.

„Danke."

Nervös rieb sich Klaus-Dieter die Hände und blickte den anderen Mann weiter an. Mit viel höherer, schriller Stimme, und einem kindlichen Habitus sprach er wieder zu ihm: „Weißt du, ich werde heute mein großes Idol endlich treffen! Hast du auch ein Vorbild?"

Aufgrund der Veränderung seines Gegenübers irritiert, lehnte sich der Mann ein wenig weg von Klaus-Dieter, ehe er antwortete. „Nein." Demonstrativ drehte er sich in die andere Richtung.

„Ich aber! Und er hat mich eingeladen, mich! Psst … ich verrate dir auch wer es ist", flüsterte er ihm lispelnd zu, nachdem er sich ein Stück genähert hatte. „Aber du musst schwören, dass du es niemandem weitersagst. Niemandem. Nicht mal deiner Mama, hörst du?!"

Der Angesprochene drehte sich noch ein Stück weg und sah sich verstohlen um.

Der jüngere umrundete ihn, um ihn wieder ansehen zu können. „Also … ich treffe … Bob Dylan!"

„Sie spinnen doch. Gehen sie bitte wieder ein Stück zurück."

„Das tue ich gar nicht!!! Ich werde Bob Dylan treffen", rief Klaus-Dieter mit Bestimmtheit. „Und das wird der bedeutendste Moment meines Lebens werden! Und bestimmt hat er Geschenke für mich! Oder? Hat er doch? Oder?" Er zupfte am Jackett des anderen herum.

Dieser machte sich los. „Wenn Sie mich nicht sofort in Ruhe lassen, dann werde ich die Bahnpolizei rufen." Jedes einzelne Wort betonend wiederholte er: „Lassen Sie mich bitte in Ruhe!"

„Du bist gemein. Ich hab dir gar nichts getan. Du bist ein … ein Hampelmann!"

„Jetzt reicht's mir aber, ich hole die Polizei." Schon ging der Mann los in Rich-tung der Treppen zur Bahnhofshalle.

„Dann ruf doch die Polizei. Ich steig' jetzt jedenfalls in den Zug ein, der gerade kommt!" Klaus-Dieter kicherte albern, während der Zug nach Düsseldorf einfuhr.

Der Mann machte kehrt und achtete beim Einsteigen darauf, dass mehrere Waggons zwischen ihnen lagen.

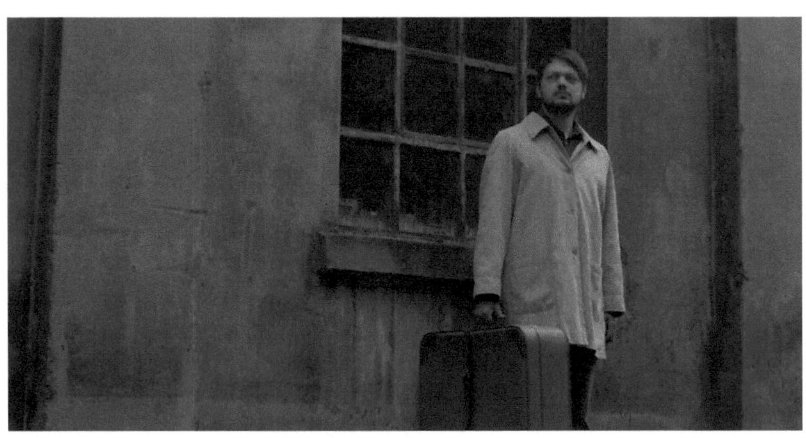

IV.

Klaus-Dieter konnte es immer noch nicht fassen. Er stand auf dem Gelände der Kunsthochschule Düsseldorf und wartete auf den einzigartigen Joseph Beuys. Der Künstler, der in seinen Augen alles verkörperte, was er mit Kunst verband. Und er stand hier nicht herum, um ihm aufzulauern, wie ein fanatischer Anhänger. Nein, er war tatsächlich auf ausdrückliche Einladung des Meisters persönlich hier. Und würde ihm sicher jeden Augenblick gegenüberstehen.

Zumindest hoffte er das. Denn im Moment gab es noch keine Spur von seinem Idol. Es war ausgemacht, dass sie sich hier und heute um zwölf Uhr mittags treffen sollten. Bei dem ‚hier‘ war er sehr sicher. Beuys hatte ihm recht detailliert beschrieben, wie er zur Kunstakademie gelangen würde. Und auch wo genau er auf dem weitläufigen Gelände, das von alten, ausgedienten Industriehallen do-miniert wurde, zu finden sein würde.

Auch was den Zeitpunkt anging, war er sich sehr sicher gewesen. Von der Ankunft seines Zuges an hatte er sich extra beeilt, um auf keinen Fall den Bus zu verpassen, den er nehmen sollte um eher zu früh als zu spät anzukommen. Nun stand er aber schon mehr als eine Stunde hier vor einer langgezogenen Halle, die schon bessere Zeiten gesehen hatte und zumindest in seiner Vorstellung einst als Lagerhalle gedient haben musste. Und keine Menschenseele hatte sich blicken lassen. So langsam überkamen ihn Zweifel.

„Wusste ich es doch! Ich wusste es! Ich Idiot“, dachte er, wobei er immer ärger-licher wurde. „Hab ich denn ernsthaft geglaubt, wichtig genug zu sein, dass Joseph Beuys sich mit mir persönlich trifft!? Sich die Zeit nimmt?! Ich bin ein Idiot. Idiot!!!" Fast wäre ihm dieses letzte harte Selbsturteil über die Lippen geschlüpft.

Ein besonnenerer Teil seiner selbst half ihm, sich wieder zu beruhigen. „Warum sollte er mir sonst schreiben. Er hat bestimmt noch zu tun. Er ist ein vielbeschäftigter Mann!"

Währenddessen hatte sich hinter ihm, von ihm unbemerkt, eine hölzerne Schiebetür geöffnet und aus der Öffnung ragte nun der Kopf eines Mannes, der eine Art ledernen Cowboy-Hut trug.

„Herr Schneider? Klaus-Dieter, bist du es", rief er. Jetzt erst drehte sich der saarländische Künstler um. Seine Augen wurden groß. „Ja, hallo", war alles, was er hervorbrachte.

„Hervorragend, dich zu sehen. Komm rein. Bitte folge mir in mein Atelier, dort können wir uns in Ruhe unterhalten."

Klaus-Dieter gaffte ihn nur mit offen stehendem Mund an und rührte sich kein Stück. Das Objekt seiner Faszination lächelte verständnisvoll.

„Für dich sage ich es gerne nochmal. Bitte begleite mich in mein Atelier. Es wäre mir eine Ehre."

Beuys war nun herausgetreten und wies ihm mit einladender Geste den Weg. Endlich setzte sich der junge Mann in Bewegung.

„Willkommen in Raum 3", sagte Beuys feierlich, als er durch die Öffnung getreten war.

Nach anfänglicher schüchterner Zurückhaltung überwand Klaus-Dieter schließlich die Hürden der Heldenverehrung und es entspann sich eine ungezwungene Unterhaltung zwischen den beiden Künstlern. Sie hatten sich auf dem großen, braunen Ledersofa niedergelassen, das inmitten einer staubigen Lagerhalle, vollgestellt

mit Skulpturen, Bildern und Kunstinstallatio-
nen, fehl am Platze wirkte. Zunächst ging es
um das Wetter und um Gott und die Welt. Joseph
erkundigte sich über sein Leben und sein Werk.
Klaus-Dieter konnte sein Glück kaum fassen.

„Ich hätte nie geglaubt, dass wir uns wirklich
einmal persönlich treffen würden. Das ist für
mich immer noch unbegreiflich.“

„Das braucht es nicht. Für mich war es klar,
als wir zum ersten Mal Kontakt hat-ten. Dein
kreatives Wesen hat mich fasziniert.“

„Wirklich?“

„Ja. Du musst wissen, jeder Mensch ist ein
Künstler in seinem Tun. Die allgemeine Kreativität existiert in jedem Menschen. Sie ist die
Kraft, die ihm die Möglichkeit zur Schöpfung
gewährt. Wie auch in dir ganz stark zu bemerken
ist.“ Der ältere Mann zündete sich eine Ziga-
rette an. Als er das Päckchen weglegte, deutete
er dem anderen an, dass er sich gerne bedienen
könne. Dieser bemerkte dies gar nicht.

„Was genau heißt das?“

„Naja, so wie du es auch tust, aus seiner Fähigkeit heraus auf den Gang der Dinge in der Welt
Einfluss zu nehmen.“

„Und das bezieht sich eben nicht nur auf den
von der Allgemeinheit angesehenen Künstler.“

„Exakt. Es bezieht sich auf jeden Menschen als
ein Wesen, das künstlerisch gestalten kann.“

„Genau, Kunst kann ja vieles sein. Ein In-
trument der Anklage, des Protests, sowie der
Bruch in einer Gesellschaft, oder der in einem
selbst. In jeder einzelnen Tätigkeit.“ Beflügelt
durch die Zustimmung seines Idols kam der junge
Künstler richtig in Fahrt.

„Jedes künstlerische Werk ist, wie ich immer
sage, ein humanistischer Akt. Als Methodik der
Kunst reicht es, ganz normale Handlungen auszu-

führen, wie sie jeder Mensch im täglichen Leben vornimmt."

Lächelnd nickten sich die beiden Künstler zu. Ein deutliches Einvernehmen verband sie in diesem Moment. Offenbar waren ihre Anschauungen und Gedanken sehr ähnlich. Dann wurde der ältere der beiden wieder ernster.

„Ich muss dir leider sagen, dass unser Leben immer banaler wird, vornehmlich bedingt durch den technischen Fortschritt, die gesellschaftliche Umstrukturierung und materiellen Komfort. Und dennoch bleibe ich dabei, dass nur die Kunst allein das Leben verändern kann."

„Was ist deiner Meinung nach Kunst? Liebe, Frieden, Leid, Hoffnung, Ängste, Verzweiflung, Freude? Was ist für dich Kunst?"

„Es geht um in das Leben und den Tod einwirkende Prozesse, wie Reich-Ranicki es meint. Das Thema ist einfach zu groß, um es in einigen Sätzen abzuarbeiten. Aber ich bemerke ganz deutlich, dass wir auf einer Wellenlänge sind." Mit diesen Worten legte er dem jungen Mann mit stolzem Blick väterlich die Hand auf die Schulter.

Klaus-Dieter war überglücklich. „Sehe ich genauso. Es ist mir eine Ehre, hier zu sein."

In den kommenden Tagen waren die zwei modernen Künstler nahezu ununterbrochen zusammen. Sie redeten unaufhörlich über die Kunst und den Zeitgeist und philosophierten über den Menschen an sich und seine Fähigkeit zur Gestaltung der Welt und die daraus resultierende Verantwortung. Manchmal malten sie gemeinsam, dann wieder half Klaus-Dieter bei der Komposition einer Kunst-installation.

Wenn sie mal daran dachten, gingen sie gemeinsam in der Mensa essen und konsumierten

Unmengen an Espresso, um dann wieder bis zum späten Abend philosophieren zu können. Die Zeit verging wie im Fluge und Klaus-Dieter rekapitulierte jeden Abend sorgfältig, was sie am Tage durchgegangen waren, damit er nichts davon vergaß. Völlig freiwillig und ohne Aussicht auf einen Abschluss studierte er den Beuys'schen Kunstbegriff eifriger als die allermeisten Studenten, die er unterrichtet hatte.

Er erfuhr allerhand über ihn, was man nicht in Büchern nachlesen oder in einer Briefkorrespondenz vernünftig hätte aufschreiben können. Ganz besonders gefielen ihm die Beschreibungen des Revolutionsklaviers, eines Klaviers, das der Meister mit 200 roten Nelken und Rosen verziert hatte und das sowohl an die klassischen Revolutionen in Frankreich und Deutschland, als auch an die Studentenbewegung der 60er erinnern sollte.

Auch zu der Installation ‚das Rudel' konnte er ihm so einiges entlocken, wobei er diese Informationen nur zögerlich herausrückte. Klaus-Dieter vermutete, dass Beuys deshalb so zurückhaltend war, weil das Kunstwerk, bestehend aus einem VW-Bus und 24 Schlitten aus der DDR, für eine unvorstellbar große Geldmenge versteigert worden war. Diese Installation hatte er bewusst so gestaltet, dass Kunstkritiker so gut wie alles hineininterpretieren konnten.

Seine oft provokanten Werke, wie sein Beitrag zur documenta 5, den er ‚Dürer, ich führe persönlich Baader + Meinhof durch die Documenta V' genannt hatte und in dem er den linksradikalen Terror der als RAF bekannten Gruppe künstlerisch aufarbeitete, faszinierte den jungen Saarbrücker und zollte ihm mächtig Respekt ab.

Besonders imponierten ihm aber die zahlreichen Reisen seines berühmten Freunds, die ihn nach

Russland, in die USA und durch halb Europa geführt hatten. Dies weckte in ihm eine gewisse Sehnsucht, da er selbst noch nicht allzu viel von der Welt gesehen hatte. Er lernte, wie sehr sich die Sicht auf die Welt und die Gesellschaft änderte, wenn man diese Dinge auch mal aus einem gänzlich anderen Blickwinkel betrachtete.

Klaus-Dieter war regelrecht in Ehrfurcht erstarrt, als ihm der emeritierte Profes-sor wie beiläufig erzählte, dass seine Bekanntschaft mit einem gewissen Andy Warhol, einem amerikanischen Modernisten, dazu geführt hatte, dass das New Yorker Guggenheim-Museum ihm, einem Deutschen, jüngst eine umfangreiche Retrospektive gewidmet hatte.

Als er einmal früh ins Hotel zurückkehrte, weil sein Mentor einen wichtigen privaten Termin hatte, setzte er endlich ein Vorhaben in die Tat um, das er schon ein paar Tage unbewusst vor sich her schob. Gabi anrufen. Nach Einnahme seiner Tablette nahm er den Hörer ab und wählte ihre Nummer. Sehr schnell hob sie mit einem fragenden „Hallo?" ab.

„Hallo Gabi, ich bin's", meldete er sich sowohl freudig als auch zögerlich.

„Schön, dass du dich auch mal meldest!" Sie klang verärgert.

„Was soll das denn heißen?"

„Du hast gesagt, dass du dich meldest, sobald du in Düsseldorf bist. Doch rate mal, wer sich seit Tagen nicht bei mir gemeldet hat!? Ich verrate es dir: Du!"

„Ich hab mit Joseph ganz die Zeit vergessen."

„Ganz die Zeit vergessen?!" Sie wurde lauter. „Wir reden hier nicht von ein paar Stunden, sondern von Tagen! Dir ist schon aufgefallen, dass es inzwischen draußen ab und zu mal hell und wieder dunkel wurde."

„Ich hab hier jedenfalls eine sehr schöne und inspirierende Zeit."

„Schön für dich. Ich hier nicht. Ich hab mir Sorgen gemacht!"

„Das tut mir leid, entschuldige", entgegnete er halblaut.

„Was hast du gerade gesagt? Hast du dich gerade entschuldigt?"

„Ja, Gabi. Es tut mir wirklich leid. Es ist nicht so, dass ich dich vergessen hätte. Im Gegenteil. Ich habe oft an dich gedacht. Aber diese Zeit mit Joseph ist einfach so … unglaublich. Bereichernd. Erfüllend. Ich habe noch nie jemanden wie ihn getroffen, mit dem ich mich so auf einer menschlichen und künstlerischen Ebene austauschen kann. Ich war selten so glücklich."

„Die Zeit mit ihm scheint dir wirklich gut zu tun! Du hast dich noch nie bei mir entschuldigt. Und … ich verzeihe dir." Da war wieder ihr liebevoller Ton.

„Danke. Du bist die Beste."

„Ja, so bin ich. Du weißt aber schon, dass du mich als Wiedergutmachung in eine schicke Bar einladen musst."

„Mach ich! Du, Gabi, ich muss aber nun gleich wieder los, um …"

„Sag nichts. Joseph Beuys zu treffen. Stimmt's?" Sie wartete seine Bestätigung nicht ab. „Hab ich mir gedacht. Dann wünsche ich euch beiden eine gute Zeit."

„Danke."

Bevor er auflegen konnte, sagte sie: „Moment, eins noch. Du verlässt mich doch nicht etwa für ihn, oder?" Man konnte ihr Grinsen durch das Telefon hören. „Du kannst ganz ehrlich zu mir sein!"

Lächelnd und kopfschüttelnd legte der junge Mann den Hörer auf die Gabel.

Am folgenden Tag verließen sie schon früh das Gelände der Kunstakademie und gingen auf Anregung des älteren entlang des Rheins spazieren. Nach erstaunlich kurzer Zeit erreichten sie ein Waldgebiet, das Klaus-Dieter überraschend urtümlich vorkam. Sein Freund Joseph schien in seinem Element zu sein. Regelmäßig berührte er die Erde und die sich darin schlängelnden Wurzeln.

Der weltberühmte Künstler, der wie meist ein weißes Hemd und Hosenträger, und wie quasi immer seinen Hut trug, hatte sich für ihren Ausflug in die Natur extra in Schale geworfen. Er hatte heute eine ärmellose Weste mit unzähligen Täschchen an, wie Klaus-Dieter sie nur von Anglern kannte. Da waren sie aber meist dunkelgrün gewesen. Josephs war hellbraun, als würden sie auf eine Wüstenexpedition gehen.

Einmal griff der Mann sich zwei Hände voll Erde, roch intensiv daran und ließ sie dann durch die Finger rieseln. Er nahm sich einen größeren Ast als Spazierstock, steckte eine Hand in einen Ameisenhaufen, was gesund sein sollte, wie er meinte, und genoss die rohe Natur mit allen Sinnen. Während all dessen unterhielten sie sich über seine Vergangenheit, sowie die Pläne für die Zukunft.

„Naja, mein Lebenslauf ist zustande gekommen als Kontrastprogramm zu allgemeinen Lebensläufen, wie sie gefordert werden, wenn man als Figur irgendwo auftreten muss und dazu Fragen gestellt werden.“

„Wie stellst du dich denn dar?“

„Jedenfalls nicht so, dass ich sage, dies und das müsst ihr glauben. Ich nehme mein Werk nicht so wichtig. Ich habe den Kunstbegriff schon immer anders gedacht und ihn auf mein Leben bezogen. Also habe ich das Leben zum Kunstwerk erklärt. Mir ist wichtig, dass meine Werke nicht als kryptische Dinge gesehen werden, denn das sind sie nicht. Es sind Bilder. Nimm zum Beispiel die Schnurrbarttasse. Sie ist nicht kryptisch, sie ist ein Bild.“

„Ah ja, von der hast du mir schon mal in einem deiner Briefe erzählt. Von diesem Bild.“

„Das war eine Station in meinem Leben, die meinen Vater, aber auch andere Charaktere dieser Zeit eingefangen hat. Dieses Bild, das ich als Kind hatte, wenn mein Vater aus einer Tasse trank und ich dann nur seinen Schnurrbart in Verbindung mit der Tasse gesehen habe.“ Verdrießlich fuhr er fott. „Da sah ich seinen Charakter. Wer er war. Und viele andere damals.“

Er wandte sich mit eindringlichem Blick seinem Lehrling zu. Dieser hatte den Eindruck, etwas dazu sagen zu sollen. „Jeder schreibt seine Biografie selbst. Auch ich. In Texten, Zeichnungen, Bildern oder einfach in meinem Tun.“

„Genau! Und das kann man sehen. Das kann ein jeder sehen. Wenn er es übt! Kunst.“ Überraschenderweise spie er dieses Wort nahezu verächtlich aus. „Das ist doch nicht Wissen, Können, Lernen. Es ist nur Übung, sonst nichts. Jeder Mensch ist in seinem Tun ein Künstler. Deswegen sollte dieser Kunstbegriff nicht so engstirnig verwendet werden, sondern auf die Allgemeinheit, ja, die Menschheit erweitert werden.“

„Joseph, weißt du eigentlich, dass du der einzige Mensch bist, mit dem ich solche Unterhaltungen offen und ehrlich führen kann?!“

Der andere blieb stehen. „Nein“, antwortete er mit einem wachsenden Lächeln.

Auch Klaus-Dieter musste lachen. „Naja, jetzt weißt du's!"

Am Abend machten sie sich gemeinsam auf den Weg in die Innenstadt, wo sie ein von außen unscheinbares Restaurant betraten, das im Inneren allerdings sehr feudal daherkam. Die dezenten, aber offensichtlich hochwertigen Wandverkleidungen, die Tatsache, dass sie auf dem Weg zum Gastraum an mehreren antik wirkenden Statuen vorbeigekommen waren, das gedämpfte Licht und nicht zuletzt der Kellner in vollendeter Livree hatten Klaus-Dieter ein höchst ungutes Gefühl beschert. Schon bei der Ankündigung eines Restaurantbesuchs hatte Klaus-Dieter im Kopf durchgezählt, was er an Bargeld mit sich führte. Er hatte zwar während seines Aufenthalts nur wenig Geld ausgeben müssen, allerdings hatte er auch nicht viel dabei, weil er halt eben nicht mehr sehr viel davon besessen hatte, als er sich auf den Weg nach Düsseldorf gemacht hatte.

Nun saßen sie sich an einem feudal eingedeckten Rundtisch gegenüber und Klaus suchte verzweifelt nach etwas, das zumindest nach einem vollwertigen Essen klang und das er sich gleichzeitig leisten konnte. Beuys schien sich keine Vostellung seines Dilemmas zu machen.

„Und, hast du schon etwas gefunden?"

„Ja, also … ich glaube ich nehme den bunten Blattsalat mit Croutons."

„Sonst nichts?"

„Ich glaube nicht. Nein."

„Wenig Hunger?" Der investigative Blick verriet, dass sein Gegenüber ahnte, dass das nicht der eigentliche Grund für seine Wahl war.

„Genau", antwortete er, wobei er seinen Kopf weiter in die Karte vergrub.

„Du weißt, dass du mir den wahren Grund sagen

kannst. Zwischen uns braucht nichts zu stehen.“

„Ja, also …“ Klaus-Dieters Gesicht tauchte mit gequälter Miene wieder auf.

„Ich höre.“

„Sagen wir so: seitdem ich meinen Job als Taxifahrer komplett an den Nagel gehängt habe und vollständig als Künstler tätig bin, hat mich diese Veränderung immens weitergebracht … meinen Geldbeutel allerdings nicht.“ Er senkte beschämt seinen Blick.

„Und du weißt, dass ich an dich und dein künstlerisches Werken glaube. Ich habe dein Potenzial erkannt. Was du der Welt geben kannst. Es soll nicht nur eine Lebensphase, sondern dein ganzes Leben sein. Ich lade dich heute Abend selbstverständlich ein!“

Darüber hatte der ehemalige Taxifahrer noch überhaupt gar nicht nachgedacht. „Nein, das kann ich nicht annehmen. Du hast mir doch bereits die Zugfahrscheine geschenkt.“

„Doch, das kannst du. Wenn ich mir etwas in den Kopf gesetzt habe, lasse ich nicht mehr davon ab. Und ich habe mir in den Kopf gesetzt, dich zu unterstützen. Du kannst dich jederzeit bei mir melden, wenn du etwas brauchst.“

Klaus-Dieter wollte direkt einwenden, dass er das nicht in Anspruch nehmen werde, kam aber nicht dazu, ehe der andere weiterredete. „Bevor du etwas dazu beitragen möchtest, würde ich dich bitten, dass wir zuerst unseren Wein und die Hors d‘œvre bestellen. Nur bei klarem Verstand und einem vollen Magen lässt sich über so etwas diskutieren. Herr Ober!“

Der livrierte Mann kam herbeigeeilt und Joseph bestellte ein ganze Liste von Dingen, von denen Klaus-Dieter noch nie etwas gehört hatte, die ihm aber später ganz ausgezeichnet schmecken sollten.

Sie hatten noch lange in dem Sternerestaurant gesessen, wie der Saarländer spä-ter erfahren hatte, ausgiebig getafelt und dem Wein zuge-sprochen. Auch deshalb war er heute erst etwas später im Raum 3 angekommen als üblich. Aber natürlich auch, weil es sein Abreisetag war und er noch ein paar Dinge zu packen gehabt hatte, bevor er aus seinem Hotel auszog.

Auf dem Weg zur Kunsthochschule rangen in Klaus-Dieters Verstand die Traurigkeit darü-ber, nicht mehr jede freie Minute mit seinem absoluten Vorbild verbringen zu können mit der Vorfreude, seine aufgestauten kreativen Ideen endlich zuhause auf die Leinwand zu bringen. Und nicht zuletzt freute er sich auch unbändig, Gabi wiederzusehen.

Er klopfte an der Schiebetür, durch die sie den großen Raum betreten und verlassen hatten. „Ja, herein bitte", erscholl es von innen. Mit einem mulmigen Gefühl trat er in das Atelier, in dem der berühmte Mann an seinem Schreibtisch saß und zeichnete. Klaus-Dieter stellte seine Sachen ab und trat mit etwas Abstand hinter den Aktionskünstler.

„Hallo Joseph. Ich wollte mich noch von dir verabschieden, bevor ich wieder nach Saarbrü-cken fahre."

„Schön, dass du da bist. Ich habe dich bereits erwartet. Komm näher, ich möchte dir noch et-was zeigen." Mit diesen Worten stand er auf und trat zu einem Gemälde, das bisher verhüllt ge-blieben war.

„Du musst wissen, dass ich in meinem Leben Phasen tiefer Depression hatte und von der Erde verschwinden wollte", sagte er mit ernster Stim-me, während er dem anderen Künstler den Rücken zuwandte.

„Das kenne ich", meinte Klaus-Dieter tonlos,

wobei er kaum den Blick von dem Gemälde nehmen konnte. Ein dunkel gehaltenes, schaurig-schönes Motiv, das er gerne mit seinem Freund besprochen hätte.

„Ich war weit weg vom Leben. Doch ich kam aus dieser Tiefe heraus und habe mir für mein zukünftiges Wirken neue Prinzipien gesetzt. Die Zeit nach einer akuten Krise war immer sehr fruchtbar.“

Joseph drehte sich um und suchte seinen Blick. Ernst und durchdringend blickte er ihn an, während er ihm seine Hände auf die Schultern legte.

„Ich möchte, dass du nie mit deiner Malerei aufhören wirst. Egal, was dich aus der Bahn wirft. Und ich weiß, wie es immer ist, Frauen spielen eine große Rolle in Krisen.“

Klaus-Dieter musste unvermittelt schmunzeln. „Danke. Deine Worte ehren und motivieren mich. Da kann mich auch keine Frau davon abhalten.“

„Gut. Und noch was.“

„Ja?“

„Ich möchte, dass du mit einem deiner Werke Teil des Buches zu meinem 60. Geburtstag wirst.“

Der junge Mann starrte ihn mit aufgerissenen Augen an. Er hatte ihm von dem Buchprojekt erzählt, das befreundete Künstler anlässlich Josephs demnächst anstehenden 60. Geburtstags auf den Weg gebracht hatten. Er wusste, dass berühmte Persönlickeiten wie Jörg Immendorff oder der österreicher Hermann Nitsch bereits zugesagt hatten, ein Teil zu dem Buch beizutragen, aber darüber hinaus auch etliche namhafte Künstler aus wortwörtlich der ganzen Welt. Wie sollte er da reinpassen. Ein völlig unbekannter Saarbrücker Maler, der bis vor kurzem noch Taxi gefahren war und gerade mal seit kaum mehr als einem Jahr künstlerisch tätig war.

„Im Ernst?“ Mehr brachte er nicht heraus.

„So soll es sein", antwortete der andere feierlich.

„Und das ist wirklich kein Witz?"
„Naja, in dieser Beziehung mache ich selten
Scherze." Er ließ dem jüngeren kurz Zeit, dass
der Gedanke sich setzen konnte. „Dann wünsche
ich dir nun eine gute Heimfahrt."

„Danke." Wie in Trance drehte sich der junge
Saarländer mechanisch um zu seinen abgestellten
Sachen.

„Bis bald, Claude Jaté", rief ihm Joseph hinterher.

Irritiert hielt der Angesprochene in seiner
Bewegung inne, drehte sich um und starrte den
anderen an, als wäre der gerade durchgedreht.
Nun gut, das würde auch erklären, warum er ein
Bild von ihm in seinem Geburtstagsbuch wollte.

Doch dieser war aufgestanden und baute sich
nun ernst vor Klaus-Dieter auf, wobei er wieder seine rechte Hand auf dessen linke Schulter
legte.

„Das ist der Künstlername, den ich dir geben
möchte. Ich möchte, dass er zu einem Begriff in
der Kunstwelt wird. Ich möchte, dass DU ein Begriff in der Kunstwelt wirst. Und das wirst du,
Claude Jaté. Da bin ich mir sicher!"

Und mit diesen Worten entließ er ihn. Claude stolperte hinaus und starrte apathisch vor
sich hin, bis er am Düsseldorfer Bahnhof ankam.
Er konnte sich später kaum erinnern, wie er da
hingekommen war. Nun konnte er sich vorstellen,
wie es sein musste, wenn man in England von der
Queen zum Ritter geschlagen wurde.

Auf dem Weg nach Hause hatte er ausgiebig Gelegenheit, mit diesen Neuerungen zurecht zu kommen. Er hatte sich ziemlich direkt entschlossen, diesen Künstlernamen nicht nur zu ehren,

sondern ab sofort auch konsequent zu führen. Noch auf der Zugfahrt hatte er seine erste Zeichnung, eine stilisierte Gitarre, mit dem Pseudonym signiert. Es hatte sich großartig angefühlt. Und es sah richtig aus.

In der Heimat angekommen war er direkt im Café vorbeigegangen, wo ihm Gabi freudig strahlend in die Arme gesprungen war. Sie hatten sich lange geküsst und sich für den Abend verabredet. Sie hatten wieder eine sehr schöne Nacht verbracht und am nächsten Morgen hatte Claude die junge Frau regel-recht hinausgeworfen, da er vor kreativen Einfällen überquoll, die er schnellstmöglich alle auf Leinwand bannen wollte.

Gabi hatte vollstes Verständnis gezeigt und hatte ihm im Gehen noch viel Spaß gewünscht. Wobei sie sich nicht sicher war, ob er sie überhaupt noch gehört hatte, da er bereits, mit Unterhose und -hemd bekleidet losgemalt und nicht mehr auf sie reagiert hatte.

Das war nun schon einige Tage her, in denen sich die Wohnung des Künstlers gravierend verändert hatte. Wo früher überwiegend weiße Raufaser-Tapeten die Wände geziert hatten, waren nun zahllose Bilder aufgehängt oder bei den Varianten auf Papier einfach mit Reißzwecken angepinnt worden. Daneben oder einfach darüber hatte er auch unzählige Kurzgedichte geklebt oder gepinnt.

Claude hatte sich in der Zwischenzeit wenigstens etwas Richtiges angezogen, seine Kleidung, und da speziell seine Hemdärmel, waren aber mit zahlreichen Farbklecksen gesprenkelt. Er stand mit einigem Abstand vor der Staffelei, auf der eine große Leinwand stand, die er mit einem wilden Frauenmotiv bemalt hatte. In der linken Hand hielt er die Farbpalette, mit dem

Pinsel in der rechten fuchtelte er ein wenig in der Luft herum. Farbtropfen flogen durch die Luft und landeten auf dem Boden der Wohnung. Dort vereinten sie sich mit unzähligen Farbtuben, Papierschnipseln, Leinwänden, zerknüllten Papierbögen, Wassergläsern, Tellern und Tassen und so war es fast verwunderlich, dass sie ab und an den Weg zum Dielenboden fanden.

Claude ging näher an sein Gemälde heran und machte zwei Striche. Dann nochmal kurz zurück, ein zufriedenes Nicken, dann näherte er sich wieder und wechselte den Pinsel um das Werk mit ‚Claude Jaté' zu unterzeichnen. Er stellte das Bild zu zahlreichen anderen, die an der Wand lehnten. Sofort ersetzte er die Leinwand mit einer noch unbefleckten und legte wieder los.

Kurze Zeit später klingelte sein Telefon. Völlig unbeirrt, wie im Tunnel, wie er diesen Zustand für sich nannte, malte er weiter. Wie im Wahn flog sein Pinsel über die Leinwand. Als das Klingeln aufhörte war schon ein Großteil davon bemalt. Dennoch wirkte das Bild nicht fahrig oder unsauber.

Ein weiteres Mal schellte sein Telefon. Da meinte es wohl jemand ernst. Claude allerdings auch. Ohne eine Miene zu verziehen arbeitete er weiter.

Gabi war stinksauer. Eigentlich hatte sie gedacht, Klaus-Dieters Verschrobenheit hätte sich etwas gelegt, als er heimgekehrt war. Der Umgang mit seinem väterlichen Gönner schien einige positive Auswirkungen auf sein Verhalten gezeitigt zu haben. Ihr Wiedersehen war auch sehr schön und vielversprechend ausgefallen.

Bis ihr Freund dem kreativen Wahn verfallen war. Seit dem Tag seiner Rückkehr hatte sie nichts mehr von ihm gehört. Zunächst hatte sie

fest damit gerechnet, dass er einfach irgendwann mittags im Café auftauchen würde. Nach ein
paar Tagen hatte sie aber wieder angefangen,
sich Sorgen zu machen.

Und heute schließlich hatte sie ihren ersten
freien Tag und daher versucht, ihn telefonisch
zu erreichen, weil sie sich vorgenommen hatte,
ihn aus seinem Wahn zu erlösen. Seine Kreativität in allen Ehren, aber irgendwann brauchte
man auch mal eine Pause. Gabi wusste, dass er
in solch einer Phase nicht sonderlich gut auf
sich achtete. Sicher hatte er schon nichts mehr
zu essen im Haus und ernährte sich nur noch von
Espresso. Auch hatte sie die Erfahrung gemacht,
dass er, wenn er zu sehr mit sich und seinen
Gedanken alleine war, wunderlich wurde. Er ent-
wickelte dann gerne mal sehr komplexe, ver-
schlungene Ideen über die Welt oder die Gesellschaft, die manch einer als Wahnsinn bezeichnen
würde. Wenn er sich dann mal ein paar Stunden
mit Menschen unterhielt, war es auch meistens
wieder gut.

Gerade versuchte sie es nun zum vierten mal
innerhalb von zwei Stunden und schon wieder
klingelte es seit Minuten durch. Genervt schlug
sie den Hörer auf die Gabel. Sie atmete tief
ein und fasste den Entschluss, sich auf den Weg
zu Klaus-Dieters Wohnung machen. Sie war sicher, dass er zuhause war. Wenn sie vor der Türe
stand, würde sie ihn bestimmt zu einer Unter-
brechung seiner Arbeit bewegen können.

Eine halbe Stunde später trat sie aus dem Auf-
zug seines Wohnhauses und stapfte wütend zur Tür
seiner Wohnung. Sie klingelte. Einmal, zweimal,
dann hielt sie den Klingelknopf gedrückt und
hämmerte gleichzeitig gegen die Tür. Keine Reaktion. Sie rief: „Hallo! Klaus!? Hallo!! Mach
sofort auf, ich bin's, Gabi. Haalloo!!! Mach

sofort die Tür auf!"

Peinlich berührt drehte sie sich weg, als die Tür der Nachbarwohnug einen Spalt geöffnet wurde. Sie verharrte einen Moment so, bis sie hörte, dass sich der Spalt wieder schloss und klopfte ein weiteres Mal, wobei sie ihren Kopf an die Tür presste. Zum einen um zu lauschen, ob sie eine Bewegung von drinnen hörte. Zum anderen, weil sie dann nicht ganz so laut sein musste. „Klaus, lass mich rein! Hör verdammt noch mal auf, mich zu ignorieren!" Erschöpft sank sie irgendwann einfach in der Türnische in sich zusammen und schluchzte.

Claude war nicht in der Wohnung. Er war gut eine Stunde vor Gabis Ankunft mit einem Stoß bemalten sowie unbemalten Leinwänden losgezogen, die von einem Stück Bratenschnur zusammengehalten wurden. Eine Umhängetasche beherbergte die nötigsten Malutensilien.

Zuhause war ihm langsam die Decke auf den Kopf gefallen und aus irgendeinem Grund hatte er sich heute dort nicht richtig konzentrieren können. Von der frischen Luft und den Eindrücken der Natur hier auf den Saarwiesen, die sich unter dem klaren, blauen Himmel von ihrer besten Seite zeigten, versprach er sich frische Inspiration.

Seine mitgebrachten Bilder hatte er um eine Parkbank herum aufgebaut — man wusste ja nie, ob nicht ein Kunstkenner vorbeispazierte — und auf der Bank lehnte eine leere Leinwand, die er zu füllen beabsichtigte. Gerade lief er auf dem Weg vor der Bank auf und ab, wobei er abwechselnd auf dem Pinselende kauend grübelte oder mit der Pinselspitze auf Dinge und Personen zielte.

Plötzlich hielt er inne und ließ sein Malgerät fast fallen. Er hatte einen Ent-schluss gefasst. Wider Erwarten war ihm noch nichts Konkretes eingefallen, was er zeichnen konnte. Aber etwas anderes war ihm in den Sinn gekommen. Er würde jetzt ernsthaft anfangen, seine Werke zu vermarkten.

Zügig ging er zu der Parkbank und packte wieder seinen Kram zusammen. Mit dem frisch verschnürten Bündel unter dem Arm, machte er sich Richtung Markt auf den Weg, wo er wenige Minuten später die Galerie von Peter Beck betrat. Er hatte schon länger den Gedanken, dass ein paar seiner Gemälde unbedingt dort drin hängen sollten.

Bisher hatte er meist ehrfürchtig durch die Schaufenster gespäht und die Werke der namhaften Künstler bewundert. Sehnsüchtig hatte er den offensichtlich gut Betuchten zugesehen, wie sie sich darin herumführen ließen. Jetzt, da er vom großen Joseph Beuys sogar mit einem Künstlernamen geadelt worden war, sollte es auch dem hochnäsigen Inhaber klar werden, dass er Claude's Bilder in seinem Verkaufsprogramm haben musste.

Peter Beck, der Inhaber der Galerie war gerade dabei, neue Bilder aufzuhängen, als Claude eintrat. Er erkannte den jungen Künstler sofort, schließlich war dieser hier auf dem St. Johanner Markt häufiger anzutreffen.

„Ah, hallo Klaus-Dieter, du bist es mal wieder."

„Hallo Peter. Claude ist mein Name. Claude Jaté. Den Künstlernamen hat mir mein Freund Joseph Beuys gegeben", sagte der vollgepackte Künstler voller Stolz.

„Ach, so ist das", erwiderte der andere mit skeptischem Blick. „Claude also. Wie kann ich dir helfen?" Er unterbrach seine Arbeit und kam zu Claude hinüber.

„Ich hab dir was Neues mitgebracht! Schau mal." Er schnürte sein Bündel auf und präsentierte seine Werke. „Ich finde, die würden sich in deiner Galerie gut machen. Vor allem da hinten an der Wand." Er deutete auf die Wand, an der Peter gerade tätig gewesen war.

„Okay … und zu welchem Preis soll ich die Bilder diesmal anbieten? Für 3.000 oder für 5.000 Mark?" Der Galerist lächelte mild.

„Nein, für 8.000."

„Och, Claude! Ich muss es dir leider nochmal sagen. Ich kann deine Gemälde nicht zu diesen Preisen in der Galerie anbieten!"

„Warum denn nicht?"

„Claude! Die Leute werden doch denken, dass ich dich ausnehme, wenn ich tausende Mark verlange für Bilder, die du selbst auf dem Markt für 300 Mark anbietest. Oder du müsstest deine Preise da draußen entsprechend anpassen."

„Das geht doch nicht. Wie soll ich denn dann meine Gemälde loswerden? Die kauft doch sonst niemand."

„Aber hier drin schon, oder wie", verzweifelt hob der ältere Mann die Arme.

„Ja. Das hier ist eine Kunstgalerie und die zieht Leute mit dem nötigen Kleingeld an. Die Leute auf dem St. Johanner Markt haben das Geld nicht und trotzdem sollte es ihnen möglich sein, meine Kunst zu erfahren. Zu dem Preis, der nach meinem Empfinden gerecht für sie ist."

„Und der ist dort draußen anders?"

„Ja, der ist dort ein anderer als hier drin."

Peter gab es auf. „Es tut mir leid, aber ich kann das nicht machen. Das widerspricht sich mit meiner Ethik als Galerist und als Kunstsammler."

„Und das widerspricht sich mit meiner Ethik",

ärgerte sich Claude.

„Dann tut es mir leid." Der Inhaber drehte sich um und ging demonstrativ zu den Bildern an der Wand zurück, mit denen er beschäftigt war, als der exzentrische Künstler hereingekommen war.

Kurz stand dieser enttäuscht mit hängenden Schultern vor seinen ausgebreiteten Gemälden. Dann packte er sie wieder zusammen und ging. Kurz vor der Tür, drehte er sich wieder um. „Peter!" Er wartete, bis ihm dieser seinen Blick wieder zuwandte. „Ich werde wiederkommen."

Peter nickte nur und drehte sich wieder zur Wand. Sein Nicken wurde von einem leichten Kopfschütteln abgelöst.

Claude baute wieder seine Freilicht-Galerie am Marktbrunnen auf. Dieser Prinzipienreiter von einem Galeristen würde sich schon noch wundern. Wenn er konsequent und regelmäßig seine Bilder hier aufbaute, könnte er diesem überheblichen Fatzke sicher den ein oder anderen Kunden wegschnappen. Schließ-lich trennten die zwei Orte maximal 100 Meter voneinander.

Er nutzte die oberen Stufen, sowie das Wasserbecken, um die schönsten und größten seiner Werke zu präsentieren und trug immer eins oder zwei der kleineren herum, während er aktiv die Passanten ansprach. Noch konnte man es an einer Hand abzählen, wie oft er sich dieser Verkaufsstrategie bedient hatte, aber allein wegen seiner Abfuhr in der Galerie wollte er ab sofort versuchen, möglichst oft hier auszustellen.

Während er noch in grummeligen Gedanken versunken aufbaute, näherte sich von hinten der erste Interessent. Als er ein paar Bilder betrachtet hatte, richtete er sich direkt an den Künstler. „Entschuldigung, für wieviel verkaufen Sie denn diese Bilder?"

Claude hatte ihn nicht bemerkt und musste sich dementsprechend zusammenreißen, um nicht erschrocken wegzuzucken. „Das kommt ganz auf das Werk und die Größe an. Für welches Bild genau fragen Sie denn?"

„Für dieses hier." Der Mann zeigte auf ein Bild vor sich. Ein größeres Exemplar.

„Das gefällt mir wirklich sehr gut!"

„Der Preis für dieses hier liegt zwischen 300 und 800 Mark."

„Wie bitte?" Der Interessent konnte mit dieser Preisvorstellung nichts anfangen.

„Ich verkaufe es ihnen für 200."

Der Mann war nun endgültig verwirrt. „Aber sie haben doch gerade gesagt, dass …"

Mehr brachte er nicht heraus, da in diesem Moment Gabi an ihm vorbeirauschte und sich mit in die Hüften gestützten Armen vor ihrem Freund aufbaute. „Klaus! Hier steckst du also. Wir müssen reden!"

Peinlich berührt nutzte der potenzielle Kunde den Moment, um sich zurückzuziehen. Verzweifelt blickte Claude ihm nach. Mit ärgerlichem Blick drehte er sich wieder zu Gabi. „Danke auch! Ich hätte grade fast mein erstes Gemälde für heute verkauft."

Gabi überging diesen Umstand. „Warum meldest du dich wieder nicht?"

„Was?"

„Als du da in Düsseldorf warst, hab ich es ja noch verstanden. Aber nicht jetzt. Du kannst mich nicht nicht aus deinem Leben ausschließen und mich nur mal dann kurz rein lassen, wenn es dem Herrn beliebt."

Claude war wie vor den Kopf geschlagen. „So ist das doch gar nicht."

„So ist das sehr wohl!"

„Ich bin grade sehr beschäftigt. Ich rede in meiner kreativen Phase mit niemandem, wenn ich am Malen bin. Dann brauche ich meine Ruhe und meine volle Konzentration.“

„Das mag ja sein. Doch wie oft muss ich es dir noch sagen? Du musst in deinem Leben auch irgendwo Platz für mich schaffen.“

Claude legte ihr eine Hand an den Oberarm. „Gabi, jetzt beruhig‘ dich doch mal. So ist es wirklich nicht. Meine Arbeit muss halt momentan einfach eine hohe Priorität haben, wenn ich es zu etwas bringen möchte.“

„Aha, so ist das. Ich habe dann ja scheinbar keine Priorität mehr. Verstehe. Gut, hab‘s verstanden, Klaus.“

Claude hatte nicht im Entferntesten den Eindruck, dass irgendetwas ‚gut‘ war. Dieser Eindruck bestätigte sich, als die junge Frau seine Hand abschüttelte, sich umwand und losrauschte.

„Gabi, nun warte doch mal“, rief er ihr halblaut hinterher.

Der Interessent von vorhin gesellte sich wieder zu ihm.

„Ich bin gleich bei ihnen“, raunte er ihm zu und ging zwei Schritte hinter seiner Feundin her. „Gabi, bitte, nun warte doch! Komm zurück!“ Diesmal rief er lauter. Als die Reaktion ausblieb, ließ er den Kopf hängen. „Übrigens heiße ich nicht mehr Klaus, ich bin Claude Jaté“, sagte er mehr für sich selbst und setzte sich niedergeschlagen auf die unterste Stufe.

Der Fremde setzte sich zu ihm. Als ob er ihn damit über seinen Streit hinweg-trösten wollte, sagte er: „Ich nehme das Bild.“

V.

Claude hatte verstanden. Wollte er eine tolle Frau wie Gabi in seinem Leben haben — und nach kurzer Überlegung wusste er: ja, das wollte er — dann wäre es unerlässlich, dass er zumindest versuchte, auch ihre durchaus berechtigten Erwartungen zu erfüllen. Gemeinsam hatten sie diese erarbeitet und Claude hatte sich gewundert, dass sie sich als gleichzeitig unglaublich simpel und ganz schön anspruchsvoll herausgestellt hatten.

Es war eine immense Umstellung im Alltag des Künstlers, sich darum zu bemühen, Gabi in wirklich jeden Aspekt seines Lebens einzubeziehen. Sie wollte gar nicht bei allem eine Rolle zu spielen. Es war mehr das Gefühl, dass es ihr zumindest möglich wäre. ,Der Gedanke zählt', wie man so sagte. So etwas war ihm vollkommen neu und auch wenn er es auf einer rationalen Ebene nicht vollständig nachvollziehen konnte, er verstand sie nun. Und handelte dementsprechend.

In der Folge rissen die beiden sich nicht nur zusammen, sie fingen an, eine höchst harmonische, liebevolle Beziehung zu führen. Claude war nie zuvor so glücklich gewesen. Und seine Ausgeglichenheit wirkte sich, entgegen seiner vagen Befürchtungen, sogar positiv auf seine Kunst aus. Einzig wenn er versuchte, ihr seine Betrachtungen über die Gesellschaft und die zukünftig dringend notwendigen Veränderungen nahe zu bringen, kam er sich nach wie vor unverstanden vor.

Manchmal blickte sie ihn dann an, als käme er von einem anderen Stern. Aber das lag nicht an Gabi selbst, Claude hatte schon festgestellt, dass das die normale Reaktion war, mit der Visionäre und Freidenker umgehen mussten. Insgeheim hatte er zeitweise befürchtet, dass die Abwesenheit von Ärger oder Traurigkeit ihm seine Kreativität rauben könnte. Aber das Gegenteil war der Fall. Er hatte klarere Visionen seiner Bilder und erschuf immer wieder wunderschöne Werke, die sich auch gut verkauften. Regelmäßig schrieb er auch seine Gedichte. Teils schrieb er sie für Gabi, teils für die ganze Welt. Und vor allem an die ganze Welt. Seine Bedenken hatte er nur mit seinem Freund und Mentor, Joseph Beuys, geteilt.

Ihr Kontakt hatte sich zu einem regelmäßigen Austausch mittels Brief und Telefon entwickelt. Sein Vorbild hatte ihm versichert, dass negative Gefühle zwar ein großes kreatives Potenzial besaßen, aber die Schaffenskraft im Menschen auch durch positive Gefühle ihren vollen Umfang entfalten konnte. Das Wichtigste im Umgang mit seinen Gefühlen sei es eher, dafür zu sorgen, dass diese dem kreativen Fluss einfach nur nicht im Weg standen.

Der Meister selbst war zwischenzeitlich von einem Höhepunkt seiner Karriere zum nächsten geeilt. Nach intensiver Zusammenarbeit mit dem mittlerweile recht berühmten Amerikaner Andy Warhol hatte er in Italien ausgestellt, in Polen, wo er seinen Kriegserfahrungen nachgespürt hatte und sogar in der DDR. Letzteres war recht ungewöhnlich, da die innerdeutsche Grenze nicht nur für materielle Güter schwer zu durchdringen war.

Auf der letzten documenta hatte er sich in den Kopf gesetzt, seine Kunst über die Ausstellung zu erheben und sie für die ganze Stadt und für eine lange Zeit sichtbar werden zu lassen. Unter dem Titel ‚Stadtverwaldung statt Stadtverwaltung' hatte er auf einem bekannten Platz im Austragungsort Kassel 7000 Basaltstelen aufgehäuft und einen einzigen, initialen Baum gepflanzt. In der Folge konnte nun jeder, der 500 DM spendete, ein Teil der Installation werden, indem er eine Stele entfernen und in der Stadt einen Baum pflanzen konnte. So sollten früher oder später 7000 Bäume die Stadt verschönern. Mit den Spendengeldern sollten auch andere Umweltschutzprojekte gefördert werden. Ähnliches plante er für die Hansestadt Hamburg. Um genau zu sein, hatte er dieses Vorhaben so beschrieben, dass Claude es als nichts Geringeres auffasste, als dass er die Großstadt mithilfe von Pflanzen in ein Gesamtkunstwerk verwandeln wollte.

Da er wie immer dem Zeitgeist etwas vorwegeilte, kam diese Idee nicht restlos gut an in der Bevölkerung. Aber das war wohl das Schicksal visionärer Kunst. Dass sie eben nicht zwingend verstanden wurde. Im italienischen Bologna war ihm für ein vergleichbares Projekt deutlich mehr Verständnis entgegengebracht und der Meister letztlich sogar zum Ehrenbürger ernannt worden.

Beuys hatte auch einen ernsthaften Versuch gestartet, sich in einem weiteren, gesellschaftlich essenziellen Feld zu betätigen. An nichts Geringerem als der globalen Friedenspolitik. Er hatte Claude geschrieben, dass er den Dalai Lama getroffen hatte. Der friedliche tibetische Freiheitskämpfer hatte aufmerksam den Ausführungen zu seiner Idee einer weltweiten ‚sozialen Plastik' gelauscht. Dem Künstler schwebte ein permanenter Veränderungsprozeß an der politischen und gesellschaftlichen Ordnung vor, getrieben durch künstlerisches Schaffen. Und zwar nicht nur einiger weniger Künstler, sondern schlichtweg eines jeden Menschen durch jede seiner Handlungen. In der Folge hatte er sich dann daran gemacht, den Besatzern der Heimat des geistlichen Führers einen konkreten Wirtschaftsplan für das im Himalaya gelegene Land auszuarbeiten.

Zwischenzeitlich hatten sie sich auch noch ein paar Mal getroffen, aber immer verhältnismäßig kurz. Ein intensiver Austausch wie bei ihrem ersten Treffen war nicht möglich gewesen. Schließlich hatten sie immer viel zu tun und gemeinsame Termine, bei denen es in der Regel um den von ihnen gegründeten Verein zur Unterstützung schizophrener Künstler ging. Denn davon gab es gar nicht so wenige.

Einmal waren sie auch gemeinsam nach Heidelberg gereist. In der schönen Universitätsstadt, die es Claude ja schon lange angetan hatte, besuchten sie Josephs Freund und Verleger Klaus Staeck in seiner kleinen Buchhandlung. Das unscheinbare, in der Altstadt gelegene Geschäft atmete Historie, wie sein Freund Beuys es formuliert hatte. Claude war begeistert und wollte diesen Ort geballten Wissens gar nicht mehr verlassen.

Austragungsort seiner jüngsten Vorhaben, von dem Joseph seinem saarländischen Freund berichtet hatte, war nun Japan. Neben verschiedenen Ausstellungen hatte er vor, im Rahmen des Projekts eines Schweizer Konzeptkünstlers, zusammen mit Warhol und einem japanischen Kollegen zeitgleich Zeichnungen per Fax um die ganze Welt zu jagen.

Claude war jedesmal fasziniert, wenn er einen Brief seines Mentors gelesen hatte. Nicht nur die Kreativität der Projekte selbst, sondern vor allem auch die schiere Masse derer und die unerschöpflich scheinende Energie des älteren

Kollegen waren einfach nur beeindruckend.

Anlässlich seines 60. Geburtstags wollte Claude eigentlich eine Variante seines Lieblingsmotivs, den zwei Damen, von denen eine einen roten Kussmund hatte, an den Verlag schicken, die dem berühmten Künstler sehr gut gefallen hatte. Die Variante stellte zusätzlich eine rote Rose dar, die zwischen den Damen prangte. Das fand er passend, da der Geburtstagsband den Namen ‚Ohne Rose tun wir's nicht. Für Joseph Beuys' tragen sollte.

Die Rose hatte schon immer eine Bedeutung im Leben des älteren Künstlers gehabt, doch während einer documenta, bei der er einen ganzen Raum gestaltet hatte, der als ‚Diskussionsforum für eine Erneuerung der direkten Demokratie' dienen sollte, hatte diese Bedeutung noch zugenommen. Die Gestaltung beschränkte sich hierbei weitestgehend auf einen Tisch, auf dem stets ein Reagenzglas als Symbol für das Rationale stand, in dem jeden Tag eine frische rote Rose zu stehen hatte, die die Natur und das Emotionale repräsentierte. Der Überlieferung nach sollte der Satz, der später den Buchtitel zierte, ein Originalzitat des Künstlers sein, als er die Anweisung erteilte, die Rose jeden Tag zu erneuern.

Allerdings hatte es sich der junge Saarländer anders überlegt, als ihm in einem Antiquariat im Nauwieser Viertel eine alte Fotografie eines Fliegers in die Hände gefallen war. Rosen würden sicherlich genügend im Buch vorhanden sein, aber Claude würde mittels dieses Bilds Josephs Rastlosigkeit, sowie seine Weltgewandtheit in das Werk einbringen. Der Mann mit Fliegermütze und der typischen Brille hatte sogar eine gewisse Ähnlichkeit mit seinem Freund.

Ihr letzter Briefkontakt war jetzt schon ein

paar Monate her. In dieser Zeit hatte Claude wieder viel gemalt, hatte sich aber auch regelmäßig bewusst die Zeit genommen, etwas mit seiner Herzensdame zu unternehmen. Kurze Ausflüge an die Mosel und in das nahe gelegene Frankreich wechselten sich mit Museums- und Galeriebesuchen ab und Gabi schien es zu gefallen, wie sich ihre Beziehung entwickelt hatte.

Am meisten genoss es Gabi aber tatsächlich, wenn sie sich einfach nur etwas Schönes zu essen machten oder besorgten, eine Flasche Wein entkorkten und Claude ihr etwas auf der Mundharmonika vorspielte.

Natürlich besuchte er sie auch regelmäßig im Café im Nauwieser Viertel. Auch dort durfte Claude von Zeit zu Zeit ein Kleinod seiner Kunst ausstellen und zum Kauf anbieten. Allerdings war ihm seine einstige Guerilla-Verkaufstaktik vom St. Johanner Markt hier streng verboten worden. Nämlich von Gabi. Aber auch durch reines Ausstellen von ausgepreisten Gemälden ließ sich der ein oder andere Verkaufserfolg erzielen. Nur war das dann mit wesentlich mehr Geduld verbunden.

Dort saß der Künstler auch an diesem schönen Sommermorgen in dem verschlafenen Innenhof und wartete auf sein Frühstück nebst Espresso. Beides kam gerade in Begleitung seiner Lieblingsbedienung aus dem Café und steuerte auf ihn zu. Lächelnd servierte ihm Gabi. „So, da haben wir einmal einen Espresso, extra stark und extra dunkel und einmal Rührei, extra goldbraun und extra kross gebraten."

„Extra vielen Dank, Gabi!"

„Kein Problem!" Mit einem Augenzwinkern drehte sie sich wieder zur Küche. Nach zwei Schritten blieb sie abrupt stehen und ging geschwind wieder zu ihm. „Oh, das hätte ich fast vergessen.

Es gibt ja noch einen kleinen Gruß von der Bedienung." Mit diesen Worten beugte sie sich herunter und küsste ihn. Claude freute sich. „Ich hoffe doch sehr, dass nicht jeder Kerl so einen kleinen Gruß bekommt." Gespielt streng zog er eine Augenbraue hoch.

„Oh nein, das ist ein exklusiver Lieblingsstammgast-Service!"

„Oh, wer hätte noch vor ein paar Jahren gedacht, dass ich mal in den Genuss dieses besonderen Services kommen sollte."

„Wer hätte noch vor ein paar Jahren gedacht, dass ich dir immer noch nur Espresso als Getränk servieren darf", neckte sie lächelnd und machte sich auf zu einem anderen Tisch, der ihr signalisiert hatte, dass eine Bestellung aufzunehmen war.

Claude nippte genüsslich an seinem Espresso und fing an, sein Rührei zu verspeisen. Nach ein paar Bissen entdeckte er die Saarbrücker Zeitung, die auf dem leeren Nachbartisch lag. Er ging sie sich holen, drapierte seinen Teller seitlich auf dem Tisch und breitete die Tageszeitung aus. Einige Minuten las er Artikel über das Weltgeschehen, während er sein Frühstück genoss.

Gerade hatte er lesend sein Espresso-Tässchen für den letzten Schluck an den Mund geführt, da verharrte er urplötzlich mitten in der Bewegung. Seine Augen wurden groß und wie in Zeitlupe stellte er die Tasse auf dem Tisch ab. Gabi eilte gerade an seinem Platz vorbei. „Ist alles zu deiner Zufriedenheit, Claude? Schmeckt's dir?"

Mit monotoner Stimme und maskenartig erstarrten Gesichtszügen antwortete ihr Freund: „Alles okay." Gabi war schon halb vorbei und konnte daher sein Gesicht nicht sehen. Sonst wäre sie wohl stehengeblieben. Aber ein weiterer Gast rief schon genervt: „Zahlen, bitte! SOFORT!"

„Ja, ich komme ja schon", rief sie zurück. In Claude's Richtung raunte sie: „Bin gleich wieder bei dir."

Dieser starrte nur entsetzt auf die aufgeschlagene Zeitung. Langsam ergriff ihn ein Zittern, das sich durch den ganzen Körper auszubreiten schien.

Wie eine Entladung verebbte es, als er begleitet von einem lauten „VERDAMMTE SCHEISSE!" kräftig auf den Tisch schlug, aufstand und Richtung Ausgang eilte.

Die Gäste an den umliegenden Tischen erschraken und es lief ein empörtes Raunen durch das Café. In einem Moment wie eingefroren in der Zeit, trafen sich über die Tische hinweg der fragende Blick Gabis und ein trauriger Blick von tiefster Verzweiflung seitens ihres Freunds. Dann gewann die Zeit wieder an Fahrt und Claude stürmte davon, als seine Augen begannen, sich mit Tränen zu füllen.

Gabi ging ihm ein paar Schritte hinterher, rief noch einmal nach ihm und kehrte dann, als eine Antwort ausblieb, zu seinem Tisch zurück. Sofort fiel ihr Blick auf die aufgeschlagene Seite der Zeitung. Über einem Foto des Mannes, der ihrem Freund wahrscheinlich mindestens so wichtig war wie sie selbst stand in großen, fetten Lettern: „Joseph Beuys ist tot!"

Gabi umfasste ihr Gesicht mit beiden Händen. „Oh, nein …", sagte sie nur.

Eine Beerdigung im klassischen Sinne gab es nicht. Der exzentrische Künstler hatte wohl schon zu Lebzeiten verfügt, dass seine Asche in der Nordsee verstreut werden solle. Claude nahm an, dass auch dieser Akt mit den genau festgelegten Rahmenbedingungen ein letzter Akt der Kunst werden sollte.

Die Tatsache, dass er nicht die geringste Ahnung hatte, was sein Freund mit dieser allerletzten Aktion hatte ausdrücken wollen, zeigte dem Saarländer, dass er bei Weitem nicht alles über seinen väterlichen Mentor gewusst hatte. Und somit auch seine Kunst immer noch nicht vollständig erfassen konnte. Der Umstand, dass dies auch Horden von Kunstkennern in den Folgejahren nicht möglich sein sollte, hätte seine Traurigkeit darüber nicht gelindert.

An der Kunstakademie hatte eine Trauerfeier stattgefunden, zu der neben dutzenden namhaften Künstlern, auch einige ehemalige Studenten und nicht zuletzt auch Claude angereist waren. Der gut organisierte Festakt war eine feierliche Huldigung seines Schaffens gewesen und hatte auch Claude's Traurigkeit vorübergehend gemildert und in ihm den Gedanken reifen lassen, dass es viel sinnvoller sei, das Gesamtkunstwerk seines Lebens zu genießen und zu bestaunen, als nur seinen Tod zu betrauern, der ja in ein solches Gesamt-Lebenskunstwerk unweigerlich hinein gehörte. Dieser tröstliche Gedanke erreichte aber nie so richtig sein Herz.

So saß er nun verzagt am Rheinufer unweit der Stelle, an der sie seinerzeit ihren Waldspaziergang begonnen hatten auf einer Parkbank und rang mit Stift und Papier, um seinem Freund Beuys einen finalen Brief zu schreiben, von dem er hoffte, dass er ihn im Jenseits — wie auch immer dies aussehen mochte — erreichen würde.

Im Gegensatz zu seinen früheren Korrespondenzen musste er sich jedes einzelne Wort abringen und er hatte auch schon den ein oder anderen Papierbogen entsorgt, weil ihm letztlich seine Formulierungen doch nicht gefallen hatten. Im

Normalfall fiel ihm der Umgang mit Sprache nicht allzu schwer, aber in diesem speziellen Fall unter diesen speziellen Umständen, kostete ihn das Schreiben dieses Briefs viel von dem, was er noch an Kraft übrig hatte.

Dennoch war er nach einiger Zeit weitestgehend zufrieden mit seinem Brief, als er ihn ein letztes mal durchlas:

> *„Lieber Joseph,*
>
> *ich habe Dir Vieles zu verdanken.*
>
> *Die Welt hat Dir Vieles zu verdanken.*
> *Die Menschen.*
> *Kunst ist unsterblich.*
> *Du warst mein Freund.*
> *Du wirst es immer bleiben.*
>
> *In Liebe,*
>
> *Claude Jaté"*

Während ihm die Tränen über die Wangen liefen, nickte er langsam und kramte eine kleine, leere Flasche aus seiner Tasche. Schluchzend rollte er den Brief zusammen und steckte ihn hinein, worauf er die Flasche verkorkte. Dann kniete er sich ans Rheinufer und ließ sie sanft ins Wasser gleiten, wo sie zügig davongetrieben wurde. So hockte er da, während seine Schultern unkontrolliert zu zucken begannen und er endlich seiner Trauer freien Lauf ließ, was in hemungslosem Weinen gipfelte.

Auf dem Heimweg erwischte ihn die Trauer um seinen viel zu früh verstorbenen Feund immer wieder und es hatte sogar andere Fahrgäste gegeben, die sich ernsthaft um ihn sorgten und ihre Hilfe anboten. Mit diesen ein paar freundliche Worte zu wechseln hatte tatsächlich etwas geholfen. Dennoch würde er noch lange brauchen, den Tod des Meisters zu verwinden.

Das stellte auch Gabi fest, als er ein paar Tage später abends zu ihr kam. Auf der einen Seite war sie heilfroh, dass er zu ihr gekommen war und offenbar seine Trauer, die sie gut nachempfinden konnte, nicht alleine mit sich ausmachen wollte. Auf der anderen Seite tat es ihr nahezu körperlich weh, ihn so am Boden zerstört zu sehen.

Wortlos saßen sie nebeneinander auf dem Sofa in Gabis Wohnung. Diese versuchte, sich ihm zu nähern. „Claude, kann ich dir irgendwas Gutes tun?"

Da er eine Antwort schuldig blieb und nur weiter apathisch vor sich hinstarrte, versuchte sie es erneut. „Soll ich dir einen Espresso machen? Oder irgendetwas anderes?"

Wieder gab es keine Reaktion. Sie rückte ein Stückchen näher zu ihm hin und lehnte sich leicht an seine Schulter. Er entzog sich ihr. Enttäuscht setzte sie sich wieder zurück. „Wenn du lieber allein sein möchtest, dann sag' es ruhig."

Erstmals an diesem Abend blickte Claude sie richtig an.

„Ja, lass mich bitte in Ruhe." Er drehte sich wieder weg.

Diese Reaktion hatte sie nun doch nicht erwartet. Und bei ihrer Frage auch nicht so richtig bedacht. „Ja, soll ich denn gehen?"

„Ja."

Auch mit dieser Antwort hatte sie so nicht gerechnet. „Du weißt aber schon, dass wir in meiner Wohnung sind?"

„Du hast mich doch gerade gefragt, was ich will."

„Ja.“

„Und ich möchte allein sein.“

„Okay … aber dann sag mir doch zumindest, wie es dir gerade geht.“

„Wie soll es mir denn schon gehen?“ Sein emotionsloser Ton brachte Gabi aus der Fassung. „Weiß ich nicht. Du sagst mir ja nichts, seit du aus Düsseldorf zurück bist.“

„Ja, was meinst du denn, wie es mir geht? Das frage ich dich.“

„Wahrscheinlich nicht gut.“

„Ganz bestimmt nicht gut … Du hast ja keine Vorstellung.“

„Ja, wie denn auch, wenn du nicht mit mir redest!“

„Ich möchte eben gerade nicht mit dir reden. Ich möchte meine verdammte Ruhe.“ Die fehlenden Emotionen in seiner Stimme ließen Gabi's eigene weiter hochkochen. Sie wurde immer lauter. „Dann geh doch, wenn du deine verdammte Ruhe willst und nicht in der Lage bist, mit mir zu reden!“

Nun blickte er sie wieder an. „Weißt du was, das mach ich auch.“ Ruckartig stand er auf und ging Richtung Ausgang. Gabi merkte, dass sie nicht sehr empathisch gehandelt hatte. Er war ja zu ihr gekommen. Auch wenn er nicht hatte reden wollen, tat ihm vielleicht einfach ihre Anwesenheit gut. Außer sie bohrte nach und nötigte ihn dazu, zu reden. Sie lief ihm hinterher. „Claude, nun warte doch. Ich hab's nicht so gemeint.“

Ohne sich umzudrehen, entgegenete der junge Künstler: „Da bin ich mir ehrlich gesagt nicht so sicher. Ich gehe nun. Dann haben wir auch beide unsere Ruhe!“ Er öffnete die Wohnungstür. Im Durchgang drehte er sich zu ihr um. „Mir geht es übrigens so richtig beschissen. Da hast du deine Antwort." Mit diesen Worten stürmte er hinaus und knallte die Tür hinter sich zu.

Emotional aufgewühlt lag Claude kurz darauf auf dem Bett in seiner Wohnung. Seine Gedanken rotierten in seinem Kopf. Es gelang ihm kaum, einen davon zu fassen zu kriegen. „Ich hätte nicht mit Gabi streiten sollen", war einer von ihnen. Sie hatte es ja nur gut gemeint. Aber er war momentan kaum in der Lage, zu denken, wie sollte er da umfängliche Gespräche führen.

Seit einigen Tagen schon war ein Teil von ihm überzeugt, dass er sich in seiner Trauer viel besser behelfen könne. Einfach indem er einem stärkeren Aspekt seiner selbst die Führung überließ. Einer Version von ihm, die vielleicht nicht so sehr an Joseph gehangen hatte. Jemandem, der stabiler war als er. Der diese Welt mit all ihren Störfaktoren und Herausforderungen besser aussperren konnte. Dann könnte Claude sich mal kurz zurückziehen, die Flucht ergreifen. Und vielleicht ein wenig neue Kraft schöpfen. Leider wollte ihm das nicht richtig gelingen. Eine Stimme in seinem Innern schob die Schuld dafür auf seine Tabletten. „Du bist doch gesund! Du brauchst die nicht. Du brauchst diese Tabletten nicht. Sie hindern dich doch gerade daran, zu genesen. Wir wissen doch, wie es geht!"

Mehrmals richtete er sich im Bett auf, wie um aufzustehen. Und legte sich doch wieder zurück und starrte an die Decke. Einerseits gab er der Stimme recht. Andererseits fürchtete er sich auch davor, wieder vollständig die Kontrolle über seine Persönlichkeiten zu verlieren. Aber so, wie es jetzt war, konnte es auch nicht weitergehen. Das war auch Gabi gegenüber nicht richtig.

Er hatte einen Entschluss gefasst. Er sprang regelrecht aus seinem Bett und ging ins Badezimmer. Dort lagen seine Medikamente auf dem Rand des Waschbeckens. Er hob die Schachtel auf und zerknüllte sie fast in seinem verkrampften Griff. Intensiv starrte er einige Augenblicke darauf.

Dann drehte er sich um, klappte den Toilettendeckel auf und drückte die Tabletten einzeln aus ihren Aluminiumhüllen in die Schüssel. Als sie allesamt darin schwammen zögerte er noch einmal kurz und spülte sie dann herunter.

Einige Tage später stand Claude in seiner Wohnung vor zwei Staffeleien und zeichnete abwechselnd auf beiden mit einem großen Bleistift. Er hatte sich seit Längerem mal wieder ordentlich angezogen. Ein weißes Hemd und ein braunes Kord-Gilet, dazu eine farblich passende Kordhose. Eine karierte Schiebermütze rundete seine Kluft ab.

Er war nicht zufrieden mit seinen Zeichnungen. Immer wieder musste er große Teile wegradieren und von Neuem beginnen. Der Papierbogen auf der einen Staffelei war vom vielen Radieren bereits so mitgenommen, dass er ihn herunterriss, zusammenknüllte und hinter sich in eine Ecke warf, in der das Papierknäuel sich zu zahlreichen anderen gesellte.

Stirnrunzelnd betrachtete er die zweite Staffelei, aber auch diese Zeichnug genügte nicht seinen Ansprüchen. „Fürchterlich. Absolut wertlos." Auch dieser Bogen landete in der Ecke.

Er zog gerade neue Papierbögen auf, als es an der Tür klopfte. Er rief über die Schulter: „Jetzt nicht!"

„Ich bin's!" Die Antwort stammte von einer Frau. „Nette Stimme", dachte er.

„Wer", fragte er.

„Claude, ich bin's. Gabi. Lässt du mich bitte rein?"

„Ich weiß nicht, wer sie sind."

„Lass den Blödsinn. Lass mich bitte rein. Ich muss dir was sagen."

„Was erlauben sie sich? Sie haben mir gar nichts zu sagen! Gehen sie sofort weg!"

„Claude, was soll das denn?" Wieder setzte ein heftiges Pochen ein. „Das ist langsam nicht mehr lustig. Jetzt öffne sofort die Tür!"

Da das Klopfen nicht nachlassen wollte, stapfte der Maler zur Tür und öffnete sie einen Spalt weit. Er steckte den Kopf hindurch. Ohne die Person vor der Tür zu erkennen und erst recht ohne sie zu Wort kommen zu lassen, blaffte er: „Verschwinden sie auf der Stelle!"

Gabi überwand ihr Entsetzen, da sie wirklich keine Vertrautheit im Blick ihres Freundes erkennen konnte. „Bist du denn völlig verrückt geworden? Jetzt lass mich rein und hör mit diesem Unsinn auf."

„Sie sind doch die Irre, die bei einem völlig Fremden an die Tür hämmert. Sie repräsentieren exakt das, was ich schon länger weiß: Die Welt ist eine geistlose und völlig respektlose Hölle geworden. Die Welt kotzt mich an! Sie kotzen mich an!" Mit diesen Worten knallte er ihr die Tür vor der Nase zu.

Völlig fassungslos stand Gabi im Hausflur. Unter Schluchzen sackte sie noch vor Ort in sich zusammen.

Claude schlenderte über den St. Johanner Markt. Sein Kleidungsstil hatte sich wieder grundlegend verändert. Blue Jeans, ein weißes T-Shirt mit Farbklecksen und eine lange gelbe Strickweste ließen ihn ein bisschen so aussehen, wie ein Verteter dieser aufkommenden „Grünen"-Partei, die man von Zeit zu Zeit auf dem Markt bei Protestmärschen beobachten konnte.

Unüblicherweise trug er auch keine Gemälde bei sich, obwohl seine Wohnung schier davon überquoll. Auch seine lässige Gangart wirkte auf Passanten, die ihn von seinen Verkaufsaktionen kannten, eher ungewöhnlich. Wie bei einem Schaufenster-Bummel durchquerte er die Gassen zwischen den Häuserreihen, die den Markt umstanden. Bei einigen der zahlreichen, kleinen Geschäfte, die sich hier aneinanderreihten, verharrte er kurz und betrachtete interessiert die jeweilige Auslage. Vor einem Schuhgeschäft waren einige Kartons aufgestapelt, die mit einem Schild beworben wurden, auf dem in großer Schrift ‚Sonderangebote' stand. Claude hob ein paar davon auf, betrachtete sie eingehend und schnappte sich dann einen ganzen Stapel, den er ins innere des Geschäfts balancierte. Darin marschierte er schnurstracks zur unbesetzten Kasse und stellte seinen Stapel auf dem Verkaufstresen ab. Da er die Verkäuferin im Hinterzimmer sitzen sah, wo sie ganz vertieft in einer Zeitschrift las, räusperte er sich laut. Die Dame erschrak und beeilte sich, zu ihm zu gelangen. ‚Beatrice Bernard' konnte er auf ihrem Namensschild lesen.

„Herzlich Willkommen in meinem kleinen Schuhsalon. Wie kann ich ihnen helfen?"

Mit hochgezogenen Augenbrauen blickte er ihr ins Gesicht und dann auf die Kartons.

„Oh, gar nicht gesehen", meinte sie mit verlegenem Lächeln. „Möchten sie all diese Paare hier kaufen?" Sie betrachtete sich die Aufschrift. „Wie ich sehe … sind sie in unterschiedlichen Größen."

„Na, was glauben sie denn?" Ein affektierter

Unterton ließ ihn noch arroganter wirken.

Da der Kunde gar nicht auf ihren Einwand einging, begann die Inhaberin mit dem Kassiervorgang. „Dann schauen wir mal, welche Schnäppchen sie da im Einzelnen gemacht haben." Sie öffnete einen Karton nach dem anderen und prüfte den Inhalt auf Korrektheit. „Wollen sie die Kartons mitnehmen?"

„Why should I? Warum sollte ich? Ich kaufe Schuhe, keine Kartons."

Souverän packte die Verkäuferin das erste Paar aus ohne sich von seiner offensichtlichen Unfreundlichkeit irritieren zu lassen. „Gut, diese hier sind reduziert von 49.95 auf 19.95. Oh, da haben sie ja wirklich ein Schnäppchen gemacht." Sie öffnete den nächsten Karton. „Diese hier haben wir erst vor ein paar Wochen geliefert bekommen, die sind total im Trend. Bei diesem Paar ist allerdings auf der Unterseite der Sohle ein kleiner Produktionsfehler. Fällt gar nicht auf. Dafür zahlen sie dann auch nur …"

Claude unterbrach sie harsch. „Ich möchte einfach nur diese Schuhe kaufen. Von mir aus nehme ich auch die Kartons mit, wenn es dadurch nur schneller geht."

Nun bröckelte die freundliche Fassade der Dame dann doch. So war sie ja noch nie behandelt worden. Mit eindringlichem Blick sah sie Claude in die Augen, während sie gleichzeitig die ersten Preise in die Kasse eingab. Als sie den dritten Karton anhob, um nach dem Preisschild zu sehen, verlor der Kunde die Geduld.

„Wissen sie was? Hier." Er kramte in seiner Westentasche und beförderte einen Hundert Mark-Schein ans Tageslicht. Diesen warf er mit verächtlicher Geste auf den Tresen, schnappte sich den nun etwas kleineren Stapel und legte die zwei losen Paare obenauf. „Hier. Das sollte für die Schuhe reichen. Behalten sie den Rest und kaufen sie sich ein paar anständige Schuhe für sich selbst."

Sprachlos hob die Schuhverkäuferin den Geldschein auf, blickte an sich herab und schaute dann mit wütendem Blick dem seltsamen Mann hinterher, der gerade, seinen Einkauf balancierend, ihren Laden verließ.

Auf dem Marktplatz war an diesem sonnigen Tag eine Menge los. In den Außenbereichen der Bars und Cafés, die den Platz umsäumten gab es kaum noch freie Stühle. Selbst auf Claude's Verkaufsfläche, dem Podest, das sich um den historischen Marktbrunnen herum erstreckte, saßen zahlreiche, meist junge Menschen in kleinen Grüppchen.

Kurz dachte der Maler darüber nach, dass es schade war, dass er keine Gemälde dabei hatte, aber dann übernahm wieder der Gedanke die Führung, dass er ja nicht zwingend Bilder verkaufen müsse; er hatte ja Schuhe. Und so machte er sich daran, sich mit höflichem Bitten ein bisschen Freiraum am Brunnenrand zu verschaffen und baute dort wie selbstverständlich die Schuhkartons auf, bevor er sich von seiner erhöhten Position aus nach potenzieller Kundschaft umsah.

Da erspähte er auch schon einen Kandidaten, schnappte sich scheinbar willkürlich ein Paar Schuhe und bahnte sich seinen Weg dorthin. In seiner mittlerweile gewohnten Art, jedoch mit völlig veränderter Ansprache, fing er an, auf den Passanten einzureden: „Sorry, Dude. Entschuldigung, bleiben sie doch mal stehen."

Der Mann mittleren Alters verharrte in seiner Bewegung.

„Ich hab hier Schuhe from America." Tatsächlich hörte sich der Künstler auch fast wie ein Amerikaner an. Also zumindest so, als würde er gerade ein sehr großes Kaugummi kauen.

„Okay", sagte der Angesprochene mit fragendem Unterton.

„Yes! Und wenn sie Künstler sind, würde ich ihnen gern ein Paar schenken."

„Tut mir leid, ich bin keiner. Ich bin Anwalt."

„Oh, then I'm sorry, habe ich keine Schuhe für sie. Have a nice day!" Ohne einen weiteren Blick wandte er sich direkt suchend der Menge zu und fand sogleich sein nächstes Opfer.

„Sie sehen aus wie ein Maler." Claude wartete die Erwiderung gar nicht ab. „Hier, für sie. Bitte. Tschüß!" Der junge Mann, dem er das Paar in die Hand gedrückt hatte, stammelte ein leises „Dankeschön", das der andere gar nicht mehr hörte, weil er schon an den Brunnen geeilt war, um Nachschub zu holen. Und schnurstracks ging es weiter zu einer Dame, die auf einer nahe gelegenen Bank saß und an einer Eistüte knabberte.

„Hallo. Sind sie Künstlerin?"
Die Dame lachte. „Naja, Lebenskünstlerin vielleicht."

Claude musste auch lachen. „Diese Antwort gefällt mir sehr. Schau mal, ich habe hier shoes für dich." Er drückte ihr einen Karton in die Hand.

Irritiert öffnete ihn diese und stellte fest, dass es sich um Herrenschuhe handel-te. Für Reklamationen war es aber zu spät, der seltsame Kerl war schon wieder weg. Mit einem Achselzucken klappte sie den Karton wieder zu und stand kurz darauf auf und ging weiter.

Am Marktbrunnen warteten schon zwei weitere Interessenten auf Claude.

„Ich hab gehört, hier gibt es Schuhe umsonst", empfing ihn der eine. Beide trugen sie viel zu große Kleidung. Wahrscheinlich mussten sie die alten Klamotten von jemand anderem auftragen. Ihre verschlissenen Schirmmützen trugen sie verkehrt herum, was dem Künstler irgendwie auf Anhieb gefiel. Leider waren die Rückseiten dieser Mützen so kahl. Er nahm sich vor, sich auch mal eine solche Mütze zu besorgen. Aber dann würde er diese leere Fläche füllen.

„Nur für Künstler. Was ist denn eure Kunst?"
„Na, sprayen, Mann. Graffiti. Kennst du das", fragte einer der jungen Männer.

„Ja, hab ich schonmal gesehen. Aber noch nie in schön."

„Wir machen sehr schöne Graffitis! Musst dir mal die Züge im Stellwerk anschauen." Verstohlen blickten sich die Jugendlichen um, „Das waren alles wir", fügte der zweite verschwörerisch hinzu.

„Na gut", sagte Claude. „Ich möchte euch glauben." Er hob einen Karton mit Turnschuhen vom Boden auf und drückte ihn dem ersten in die Hand. „Aber immer nur ein Paar! Ihr könnt es euch ja teilen." Der halblaute Protest der beiden ging ins Leere, weil Claude sich schon wieder, mit neuen Schuhen bewaffnet, auf den Platz hinaus bewegt hatte. Er hatte eine weitere, scheinbar vielversprechende junge Frau ausgemacht, so zielstrebig, wie er sich ihr näherte.

Immerhin hatte er diesmal zufällig tatsächlich Damenschuhe dabei. „Schöne Frau! I have shoes for you. Die sind so hübsch wie sie. Sagen sie mir, was ist ihre Kunst?"

„Wie meinen sie das?" Die junge Frau war so verwirrt wie geschmeichelt.

„Was tust du, um die Welt zu verschönern? Was erschaffst du mit deinen Händen?"

„Naja, ich stricke ganz gern. Aber ob das Kunst ist …?"

„Of course das ist Kunst! Eine Schnur so zu verknoten, dass man sie hinterher anziehen kann ist ganz sicher Kunst. Die schenke ich dir!" Er drückte ihr den Karton in die Hand und war wieder verschwunden. Perplex blickte ihm die Frau nach, ehe sie einen verstohlenen Blick in den Karton warf.

Noch auf dem Weg zurück sprach Claude einen weiteren Passanten an. „Sie sind doch bestimmt Künstler. Was ist ihre Kunst?"

Der stämmige Herr schaute ihn fragend an. „Nä, Künstler bin ich nit. Ich schaffe uff da Grub. Mit Kunschd hann ich nix am Hut", erwiderte der Mann in reinstem Saarländisch.

„Dann habe ich leider keine Schuhe für sie", sagte Claude und ging weiter Richtung Marktbrunnen. Das letzte Paar Schuhe verschenkte er an einen Musiker, den er mal in der ‚Gießkanne' spielen gehört hatte. Er spielte Saxophon, ein Instrument, das Claude sehr mochte. Der Mann erkannte seinerseits auch den ehemaligen Stammgast und teilte ihm noch mit, dass am kommenden Wochenende wieder eine ‚offene Bühne' veranstaltet würde, da er von früheren Veranstaltungen wusste, dass Claude verschiedene Instrumente beherrschte. Dieser erwog tatsächlich, dort aufzutreten. Zufrieden mit seinen Entscheidungen schlenderte er zum Brunnen zurück, wo er sich eine Weile niederließ und mit leerem Blick vor sich hin starrte.
Dann setzte er sich ein paar Meter weiter in das Café, dessen Besitzer ihm vor ein paar Jahren ein Gemälde abgekauft hatte und bestellte einen Milchkaffee.

Währenddessen saß Gabi an ihrem freien Tag einsam am Küchentisch und hing zutiefst traurig ihren Überlegungen nach. Anfangs hatte sie gedacht, Claude wäre von ihrem zugegebenermaßen unsensiblen Verhalten derart verärgert gewesen, dass er sie böswillig so harsch hatte auflaufen lasssen, als sie ihn besuchte. Sie hatte wirklich vorgehabt, sich zu entschuldigen, dass sie so in ihn gedrungen war, anstatt Verständnis zu zeigen für ihren Freund, der ja immerhin einen extrem schwerwiegenden Verlust zu verwinden hatte. Nach seiner Abfuhr hatte sich ihre Gefühlswelt auf Verletztheit und hilflose Wut beschränkt. Heute, mit einigen Tagen Abstand, war sie sich regelrecht sicher, dass tatsächlich etwas gar nicht mit ihm stimmte. Sie konnte es nicht konkret benennen, aber bei allem eigenwilligen und verschrobenen Verhalten ihres Liebsten, hatte sie ihn so noch nicht einmal annährend erlebt. Und das, was er zu ihr gesagt hatte, hatte er genau so auch gemeint. Sie hatte es in seinen Augen gesehen. Diese Überzeugung, dass er die Frau vor seiner Wohnungstür nicht kennen würde, war nicht vorgetäuscht. Sie hatte es schon erlebt, wenn Claude sich verstellte, jemandem etwas vorspielte. Und das sah anders aus. Auch hatte in seinem Blick gänzlich die Verletztheit gefehlt, die sie vorausgesetzt hatte. Keine spezifische Wut auf sie als seine unsensible Freundin. Da war einfach nur Ärger gewesen. Ärger über diesen fremden Störenfried, der ihm einfach nicht seine Ruhe lassen wollte.

Sie hatte nicht die geringste Ahnung, was das bedeuten mochte. Er war irgendwie ganz und gar nicht er selbst gewesen. Aber auch nicht betrunken oder sowas. Was auch immer mit ihm los war, Gabi beschloss, noch einen Versuch zu unternehmen, mit ihm zu reden. Wenn sie die restlichen Sachen, die er bei ihr hatte, in eine Kiste packen und mit zu ihm nehmen würde, könnte er vielleicht realisieren, dass es ihr ernst war.

Sie schnappte sich einen Pappkarton, in dem sie ihre Einkäufe transportiert hatte und ging ins Schlafzimmer. Dort hatte sie Claude's Sachen auf seine Seite des Bettes gelegt. Neben verschiedenen Kleidungsstücken und seiner Reise-Staffelei, ein selbstgebautes, zusammenklappbares Exemplar nebst Malutensilien lag dort auch seine Bauchtasche. Dieser neumodische Beutel, den man wie einen Gürtel trug, fand sie etwas albern, aber Claude hatte sie erst kürzlich gekauft und fand sie unheimlich praktisch. „Du hast gut reden" hatte er gesagt, als sie sich darüber lustig gemacht hatte. „Frauen haben immer Handtaschen dabei. Hast du dich schonmal gefragt, wo ein Mann all das hinsteckt, was er vielleicht bei sich haben möchte?" Tatsächlich hatte ihr eingeleuchtet, dass die Unterbringung in diesem Ding sicher angnehmer war, als sich die engen Hosentaschen vollzustopfen.

Eigentlich hatte Claude die Tasche immer bei sich, seit er sie vor zwei Wochen gekauft hatte. Jetzt, da sie darüber nachdachte, wunderte es sie, dass er nicht zumindest seine Tasche vermisste. So weit sie wusste, enthielt sie auch seinen Geldbeutel. Dass er nicht daran gedacht hatte, als er wütend davongestürmt war, konnte sie nachvollziehen. Aber in der Zwischenzeit hätte er doch zumindest seine Brieftasche eigentlich mal brauchen müssen.

Um ihre Annahme zu überprüfen, zog sie den Reißverschluss auf und leerte den Inhalt auf ihr Bett. Tatsächlich, da war sein Geldbeutel, samt Führerschein und Personalausweis, wie sie feststellte. Außerdem noch ein Päckchen Kaugummi, ein Taschentuch, ein Feuerzeug und verschiedene Papiere. Sie warf auch dort einen Blick hinein: Mehrere Gedichtentwürfe, Fahrkarten, eine Rechnung und ein Schreiben eines Krankenhauses.

Das machte sie hellhörig. Seit sie ihren Freund kannte, war er nie in einem Krankenhaus gewesen. Zumindest nicht, dass sie es mitbekommen hätte. Wenn er dieses Entlassungsschreiben nicht kürzlich erst erhalten hatte, musste es ihm in irgendeiner Weise wichtig sein. Sie wusste insgeheim, dass es nicht richtig war, aber ihre Neugier und ihre Sorge um Claude siegten.

Sie fing an zu lesen.

Ausstellende Klinik war die psychiatrische Klinik auf dem Sonnenberg. Gabi stutzte. War ihr Freund verrückt. Klar, seine Gedankengänge waren nicht immer vollständig zusammenhängend und seine Gedichte mitunter wirklich merkwürdig, aber immerhin war er ja Künstler. Sollte sie wirklich weiterlesen? Ging sie das etwas an? Sie beschloss, dass dies der Fall sei. Schließlich war sie seine Freundin und wenn er ihr das hier nicht selbst sagen konnte, musste sie sich auf anderem Weg informieren. Wahrscheinlich würde es ja helfen, ihn besser zu verstehen. Sie las weiter.

Man freute sich, Claude entlassen zu können und wünschte ihm alles Gute in der Zukunft. Dann der Zeitraum der Behandlung. War das nicht direkt vor ihrem Kennenlernen? Darunter war die Diagnose und die medikamentöse Behandlung verzeichnet. ‚Schizophrene Psychose‘. Das war es also. Gabi war nicht sonderlich bewandert in medizinischen Dingen. Aber davon hatte sie schonmal etwas gelesen.

Plötzlich machte alles viel mehr Sinn. Von seiner Doppelbestellung vor Jahren bis hin zu seinem Verhalten, als sie ihn Anfang der Woche besuchen wollte. Seine extremen Stimmungsschwankungen, die schon ein paar mal vorgekommen waren, sowie seine regelrechte Besessenheit, wenn es darum ging, seine Tabletten pünktlich einzunehmen. Ob er sie noch nahm? Vielleicht hatte ihn der frühe Tod seines Freundes Beuys auch so sehr aus der Bahn geworfen, dass Claude gerade tatsächlich nicht er selbst war.

Nach langem innerlichen Disput hatte sie eine Idee. Auf dem Anschreiben der Klinik waren der Name und die Telefonnummer des behandelnden Arzts angegeben. Sie vermutete, dass dies auch der Grund war, warum Claude dieses Schreiben mit sich führte. Sie hoffte, dass Prof. Dr. Weiger ihr helfen könnte. Der wusste sicher, was mit Claude los war und wie man erreichen könnte, dass es ihm besser ging.

Es dauerte ewig, die lange Telefonnummer zu wählen. Und fast nochmal so lange, bis endlich jemand abhob. Nachdem sie sicher war, dass es sich um den gewünschten Professor handelte, sprudelte ihr Anliegen aus ihr heraus:

„Guten Tag Herr Prof. Dr. Weiger, mein Name ist Gabi Winter. Ja, hallo. Ich rufe an, weil ich eine Frage zu meinem Lebenspartner Claude, ich meine Klaus-Dieter Schneider, habe. Er muss bei Ihnen Patient gewesen sein, vielleicht erinnern Sie sich …"

Am anderen Ende der Leitung wurde etwas erwidert.

„Ja, das verstehe ich. Aber es ist wirklich wichtig."

Ihr Gegenüber wurde jetzt etwas lauter.

„Nein, klar, Sie unterliegen einer Schweigepflicht, aber es geht ihm nicht … nein, nein, nein, ich glaube, dass es ihm gar nicht gut geht! Er verhält sich ganz und gar merkwürdig, ich erkenne ihn kaum noch."

Wieder wartete sie einen Augenblick auf die Erwiderung.

„Schön, dass Sie da gar nichts tun können. Ich würde sagen, dann haben Sie wohl den Beruf verfehlt!“ Frustriert schlug sie den Hörer auf die Gabel. Verzweifelt starrte sie einen Moment vor sich hin. Dann fing sie an, Claude‘s Sachen zusammenzupacken und in den Karton zu werfen.

Der junge Künstler war immer noch auf dem historischen Marktplatz unterwegs. Allerdings wirkte sein Gang jetzt ganz und gar nicht mehr lässig. Gehetzt eilte er hin und her. Mit zuckenden Bewegungen huschte sein Kopf von einer Seite zur anderen und er schien ganz offensichtlich jemanden zu suchen. Allerdings wusste er selbst nicht so genau, wen überhaupt.

Schon mehrfach hatte er gemeint, einige der Personen erspäht zu haben, die heute mittag von ihm Schuhe bekommen hatten. Aber er hatte sich wohl getäuscht. Trotzdem musste er diese Leute dringend finden. Er brauchte unbedingt diese Schuhe zurück. Dieser Typ da vorne. Der war sicher einer von denen.

„Sorry, sorry! Ich habe Ihnen doch vorhin Schuhe gegeben. Ich brauche sie wieder! Bitte, bitte! Wo sind die Schuhe?“

Der Mann starrte ihn nur regelrecht entsetzt an. Zwei Frauen kamen aus der anderen Richtung heran.

„Hello Ladies! Wartet mal kurz. Habt Ihr meine Schuhe gesehen? Shoes from America? Bleibt doch mal stehen! I don‘t bite!“

Ihn wortlos ignorierend gingen die Frauen an ihm vorbei.

Er kletterte auf einen Stuhl im Außenbereich einer Wirtschaft und sah sich um. Dann ging er zügig auf einen weiteren Passanten zu. Dieser durchmaß den Marktplatz schnellen Schrittes.

„Sir! SIR! Moment, Stop! Sie tragen doch meine Schuhe. Halt. Stop hab ich gesagt!“ Er drehte sich zu den anderen Passanten um. „Dieser Mann

hat meine Schuhe geklaut! Das ist ein Dieb!"
Der vermeintliche Dieb beschleunigte seinen
Schritt kopfschüttelnd. Von den anderen Menschen schien sich keiner für den angeblichen
Diebstahl zu interessieren. Dass jemandem einfach seine Schuhe gestohlen wurden, hielt wohl
niemand für besonders realistisch.

Claude versuchte, den Flüchtenden einzuholen.
„Sir, nun bleiben Sie doch stehen! Bleiben Sie
stehen! Fucker. Fucker! Idiot!"

Nach ein paar Schritten gab er auf.
Er hatte einen anderen ‚Kunden' erkannt.„Entschuldigen Sie bitte die Störung. Ich habe Ihnen doch heute Schuhe geschenkt", versuchte er
es diesmal ganz sachlich.

„Es tut mir leid, aber Sie müssten die noch
bezahlen."

Wieder schlug ihm nur völliges Unverständnis
entgegen. „Nein, das haben Sie sicher nicht,
daran würd' ich mich erinnern."

„Doch! Und nun bezahlen Sie! Sofort!" Er baute
sich vor dem Mann auf, um ihm den Weg zu ver-
stellen. Der deutlich größere Mann betrachtete
ihn nur verächtlich und versuchte an ihm vorbei
zu gehen. Als Claude ihm in den Weg sprang gab
er ihm einen kleinen Schubs, der seine Seit-
wärtsbewegung verlängerte und letzten Endes
dazu führte, dass dieser stolperte und der Län-
ge nach hinfiel, da er sein Gleichgewicht nicht
zurückerlangen konnte.

Niedergeschlagen blickte Claude dem Mann nach,
der sich entfernte, ohne sich ein weiteres Mal
nach ihm umzuschauen.

Eine Weile später schlurfte Claude mit ver-
dreckter Strickweste und hängendem Kopf durch
den Hausflur, der zu Gabis Wohnung führte. Er
war kurz zuhause gewesen, wo ihn ein Zettel erwartet hatte, der an seine Wohnungstür gepinnt

worden war. Eine Nachricht von seiner Freundin. In seiner Hosentasche kramte er nach seinem Schlüsselbund und schloß ihre Wohnungstür auf.

Er trat ein.

„Gabi? Bist du da? Du wolltest mich sprechen?" Keine Reaktion. Sie schien nicht zuhause zu sein. Er ging durch die Diele zum Wohnzimmer. Dort war sie nicht. Er ging weiter zur Küche. Da saß sie am Tisch.

„Da bist du ja! Warum sagst du denn nichts? Spielst du Spielchen mit mir? Sollte ich deswegen kommen?"

Gespielt pirschte er sich an sie heran und wollte sie küssen.

„Claude, lass den Unsinn." Ihr abweisender Tonfall ließ ihn innehalten.

„Was ist denn los?" Da eine Antwort ausblieb, setzte er sich zu ihr an den Tisch.

„Bitte sprich mit mir. Gedanken kann ich noch nicht lesen."

„Ja, deine eigenen scheinbar auch nicht immer."

„Was soll das denn heißen?" Claude hatte keine Ahnung, was mit ihr los war.

„Du weißt also nicht, was ich meine? Vielleicht hilft dir ja das hier, wenn du dich nicht immer an alles erinnern kannst." Mit diesen Worten holte sie das Entlassungsschreiben hervor und legte es vor ihm auf den Tisch. „Das hier meine ich."

„Wo hast du das her?"

„Das habe ich bei deinen Sachen gefunden."

„Du durchsuchst meine Sachen?" Claude wurde langsam ärgerlich.

„Naja, also …" So langsam fragte sie sich, ob es richtig gewesen war, seine Privat-sphäre zu missachten.

„Du durchsuchst meine Sachen!" Diesmal war es

eher eine Feststellung.

„Was hätte ich denn tun sollen? Ich wusste mir nicht mehr zu helfen. Du hast dich so komisch benommen mir gegenüber. Du hast mich von dir weggestoßen.“

„Und dann durchsuchst du hinter meinem Rücken meine Sachen? Was soll ich denn jetzt davon halten?“

„Jetzt hör mir doch mal zu! Ich liebe dich, Claude! Ich mache mir Sorgen um dich. Deswegen …“

Er wartete nicht ab, bis sie ihren Satz fortsetzte. „Das ist streng vertraulich, was da drin steht. Du hast kein Recht, es dir einfach so anzuschauen.“

„Ich weiß ja noch nicht einmal richtig, was ich da gelesen hab. Da steht ja nichts wirklich Konkretes drin. Der Arzt hat mir auch nichts sagen wollen. Ich hab ja nur ein bisschen recherchiert und …“

Da war die Bedeutung ihres vorletzten Satzes in Claude‘s Bewusstsein durchgesickert. „Der Arzt hat dir nichts gesagt? Du hast mit ihm gesprochen?“ Eindringlich schaute er die junge Frau an. Diese wurde auf ihrem Stuhl immer kleiner.

„Gabi, sag was! Du lernst mich gleich von einer ganz anderen Seite kennen.“

Claude stand auf, die Arme auf den Küchentisch gestützt. Gabi zog den Kopf zwischen ihre Schultern. „Es tut mir leid, aber ich weiß nicht, wie ich das weiter schaffen soll. Wie ich damit umgehen soll, dass …“

„… ich angeblich mehrere Persönlichkeiten habe? Sag es doch! Oder hast du Angst dass ich mich plötzlich verwandle, wenn du es aussprichst? So wie Dr. Jekyll und Mr. Hyde? Hm?“

„Nein … aber Klaus … ich schaffe das einfach

nicht mehr."

„Was soll das bedeuten?"
Gabi war den Tränen nahe. Verzweifelt druckste sie herum. „Ich … ich … also, ich …"

„Du … machst mit mir Schluss?"
Schweigen war die einzige Antwort. Die Schultern seiner Freundin zuckten leicht.

„Verdammte Scheiße, Gabi. Muss ich dir alles aus der Nase ziehen? Gabi, verlässt du mich?"

Nun fing Gabi endgültig an zu heulen und zu schluchzen.

„Ja, aber du liebst mich doch?!" Claude verstand die Welt nicht mehr.

Immer noch konnte oder wollte sie nicht antworten. Sie weinte haltlos.

„Ich wusste es! Deswegen hab ich dir auch nichts gesagt! Ich wusste, dass du nicht damit umgehen kannst! Wenn du mich wirklich lieben würdest, würdest du mich so akzeptieren, wie ich bin. Alle haben mich vor dir gewarnt! Einfach alle! Alle, alle, alle!"

Er tobte durch die Küche, warf Geschirr herunter, schlug seinen Stuhl gegen die Wand.

Gabi schlich Richtung Ausgang. Claude bemerkte es, stürmte auf sie zu und drückte sie an ihren Schultern gegen die Wand.

„Ich sag dir jetzt mal was: Ein jeder von uns ist nicht nur einer, sondern viele. Vielen Menschen ist das nicht bewusst oder sie wollen es nicht wahrhaben. Dabei ist es etwas ganz Wunderbares, wandelbar zu sein. Sie schützen mich."
Sein irrer Blick ängstigte Gabi noch mehr.

Von sich selbst erschrocken taumelte er zurück. Er griff nach seinem Schreiben, drehte sich um und stürmte aus der Wohnung.

Gabi sah ihm nach. Leise, mehr für sich selbst, sagte sie: „Lebe wohl, Claude. An dieser Krankheit scheitere ich."

Der emotional völlig verstörte Maler wankte durch die Straßen des Nauwieser Viertels. Immer wieder musste er sich an den Wänden abstützen, weil er fürchtete, seine Beine würden nachgeben. Kaum nahm er das Graffito wahr, das die Wand der Unterführung zierte, an der er sich gerade abstüzte. ‚Früher war auch schon alles scheiße‘ war dort zu lesen.

In seinem Kopf fand eine hitzige Debatte statt, die er langsam nicht mehr dort halten konnte. „Ich hab dir doch gleich gesagt, dass du dich nicht auf eine Frau einlassen solltest. Das gibt immer nur Ärger. Siehst du ja jetzt! Und natürlich hat so eine wie die kein Verständnis dafür …“ Die zornige, schrille Stimme wurde von einer sanfteren abgelöst.

„Sie konnte uns noch nie leiden. Das hab ich von Anfang an gespürt. Du kannst froh sein, dass du sie nun los bist.“

Der ‚amerikanische Schuhverkäufer‘ fügte hinzu: „Miststück. So ein Miststück. So ein Miststück, Miststück, Miststück!“

Mit französischem Akzent sprach er weiter: „Ach je, im Café war sie immer so lieb zu mir. Ma petite chérie!“

Er taumelte an einem ‚Gabi‘-Graffito vorbei. Das war ihm noch nie aufgefallen. Hatte er das da hingemalt. Er konnte es nicht sagen. Die verschiedenen Stimmen wechselten sich nun noch schneller ab.

„Sie hat dich hintergangen!“

„Miststück!“

„Der Espresso war immer gut, oui, oui.“

„Außerdem hat sie uns nicht verdient.“

„Lügnerin!“

„Miststück!“

„Sie hat dich nie geliebt. Genau wie deine Mutter, als du noch ein kleiner Junge warst.

Deswegen ist sie ja auch weggegangen."

Claude erwachte wie aus einem bösen Traum. Er ließ einen Urschrei los, wodurch die Stimmen kurz verstummten.

Mit in den Nacken gelegtem Kopf schrie er: „ES REICHT! HALTET JETZT VERDAMMT NOCHMAL EURE SCHEISS-FRESSEN!" Sein Zorn brach sich Bahn. Er trat und schlug auf die parkenden Autos ein, bis er merkte, dass das verdammt weh tat. Was ihm kurzzeitig sogar ganz gut tat. Dann aber nur noch schmerzte. Er hob einen Backstein auf, der in einem mit Flatterband abgesperrten Baustellenbereich lag. Diesen schleuderte er in die Fahrzeuge und traf eine Windschutzscheibe, die sofort zersplitterte, aber weiterhin in ihrem Rahmen hing. Unbefriedigt schnappte er sich einen der Absperrungspfosten und schlug mit wehendem Flatterband so lange auf die Scheibe ein, bis sie als Splitterbündel ins Innere des Wagens fiel. Schon näherten sich Passanten, die wohl in der Nähe gewesen waren und nach der Quelle des ohrenbetäubenden Lärms sehen wollten. Diese jagte er wild schreiend mit schwingendem Knüppel in die Flucht, der rot-weiße Schlieren hinter sich herzog.

In seinem Kopf jubelten, schrien, warnten ihn die Stimmen und wollten einfach nicht verstummen. Mit atemberaubender Geschwindigkeit und Ausdauer knüppelte er immer weiter auf die parkenden Autos ein, bis er völlig erschöpft zusammenbrach.

„Haltet … die … Fresse …", entschlüpfte ihm noch. Dann wurde er ohnmächtig.

VI.

Völlig desorientiert erwachte Claude. Es kostete ihn eine ganze Weile, bis er den Traumzustand abgeschüttelt hatte. Insgeheim wollte er das zunächst auch gar nicht, denn da war Joseph gewesen. Sein Freund Beuys, samt Hut und weißem Hemd, der mild gelächelt und beruhigend auf ihn eingeredet hatte.

Dann aber war sein Gesicht zu einem Bild geworden. Und dieses Bild war wie eine Leinwand aus Wachs zerschmolzen, die man von der Mitte der Rückseite aus erhitzt hatte. Und damit war die Trauer zurückgekehrt. Tiefe, schwarz-rote Trauer. Außer im Traum würde er den großen Künstler nie wieder sehen. Würde sich nie mehr mit ihm austauschen können.

In das Schwarz-Rot seines Verlusts hatte sich dann allmählich Weiß gemischt. Eine rot-weiße Fahne. Oder vielmehr ein Band. Und da war ihm langsam eingefallen, was er getrieben hatte. Er hatte randaliert. Oh Gott, er musste das halbe Nauwieser Viertel verwüstet haben. Hoffentlich hatte ihn da niemand gesehen. Aber natürlich hatten sie ihn gesehen. Er hatte sie sogar gejagt in seinem Wahn. Scheiße! Was, wenn ihn jemand erkannt hatte. Im Nauwieser kannte man ihn doch.

Und dann war Gabi erschienen. Gabi, wie sie bei ihrem ersten Zusammentreffen im Hof des Café's gestanden hatte. Mit einem schimmernden Strahlenkranz um ihr Gesicht. Der dann aber rot pulsierte. Verdammt, sie hatten gestritten. Scheiße, er war sie sogar körperlich angegangen. Sie hatte mit ihm Schluss gemacht. Zurecht, wie er fand. Was hatte er nur angerichtet?

Ein Klopfen riss ihn aus seinen Gedanken. Und das gleichzeitige Öffnen einer Tür. Claude blinzelte, um sich schneller an das grelle Licht zu gewöhnen und erwartete eigentlich, Prof. Dr. Weigers Gesicht zu sehen. „Oh nein, ich bin schon wieder hier!" Seine krächzende Stimme war kaum zu verstehen. Das Sprechen tat ihm im Hals weh.

Ein großer Mann mit dunklem Teint und einem weißen Kittel, der Prof. Dr. Weiger nicht einmal ähnlich sah, beugte sich ein wenig zu ihm herunter. „Hallo Herr Schneider. Schön, dass Sie wach geworden sind. Was haben Sie gerade gesagt?"

„Ja, doch, ich bin definitiv wieder hier." Seine Worte passten nicht zu seinem ersten Eindruck, als er versuchte, die Umgebung wahrzunehmen. Die Zimmer hatten sich vollkommen verändert. „An dem Ort, an dem sich Menschen nicht vorstellen", brachte er kaum hörbar, aber mit deutlichem Vorwurf hervor.

„Entschuldigung. Mein Name ist Prof. Dr. Vogt. Und, Herr Schneider, Sie sind zum ersten mal hier. Sie waren wohl zuvor schon in einer anderen Klinik."

„Und wo bin ich nun?"

„In Düsseldorf."

Claude runzelte die Stirn. Er musste wieder an Beuys denken. Aber wie war er hierher gelangt?

„Und warum bin ich hier? Sie wollen sicher behaupten, dass ich mehrere Persönlichkeiten hätte. Scharlatan."

Professor Vogt war erstaunt. „Also, wie …" Claude ließ ihm nicht die Zeit, sich zu sammeln. „Dann kann ich Ihnen sagen: das brauchen Sie nicht. Ich kann mittlerweile gut damit leben. Ich habe alles im Griff. Ich will nach Hause." Mit diesen Worten versuchte er, sich aufzusetzen.

Der Arzt hielt ihn mühelos davon ab. „Herr Schneider, einen Moment bitte. Wir können Sie leider nicht gehen lassen.“

„Das ist mein gutes Recht. Ich weiß das! Sie können mich nicht gegen meinen Willen hier behalten.“ Zappelnd wehrte er sich gegen den Griff des anderen.

„Es tut mir wirklich sehr leid, aber in diesem Fall müssen Sie hier bleiben!“

„Warum denn? Nehmen Sie mich jetzt hier gefangen oder was? Bin ich verhaftet? Steckt doch der Geheimdienst dahinter?“

„Es ist so: Der Grund, warum Sie hier sind, ist Ihr Verhalten, das Sie zuletzt an den Tag gelegt haben. Das war nicht nur eine akute Bedrohung für Sie selbst, sondern auch für Ihre Mitmenschen. Sie befanden sich nicht bei klarem Verstand und hatten keinerlei Kontrolle über Ihr Verhalten.“

„Das ist doch Schwachsinn! Was soll ich denn bitte getan haben?“ Obwohl Claude das sehr wohl wusste, wollte er nicht klein beigeben. Mal sehen, was die so wussten. Er hatte absolut keine Lust auf einen weiteren, langwierigen Psychiatrie-Aufenthalt.

„Nun, wenn Sie sich nicht erinnern. Sie haben …„ Er blätterte in seiner Akte eine Seite vor. „… im Nauwieser Viertel einige Autos demoliert, Passanten bedroht und das ging sogar so weit, dass …“

Claude gab seinen Widerstand auf. „Okay, Sie müssen nicht weiterreden.“

„Sie sind nun hier, damit Sie wieder an innerer Stabilität gewinnen und um die scheinbar traumatischen Ereignisse, die diesen Schub ausgelöst haben, besser auf- und verarbeiten zu können. Herr Schneider, unser Ziel ist es, dass

Sie wieder Ihr selbstbestimmtes Leben führen können.“

„Schön und gut“, meinte Claude schläfrig. Sicher hatten sie ihn wieder unter Drogen gesetzt. „Und wie wollen Sie mir helfen?“

„In den Unterlagen habe ich gelesen, dass die Maltherapie in Saarbrücken bei ihnen hervorragend angeschlagen hat. Deswegen werden wir hier auch damit beginnen.“

„Ich bin der Sheriff von Paris und male Bilder aus einem anderen Leben.“ Claude wusste selbst nicht so recht, wo das herkam.

„Wir wissen, dass Sie malen, deswegen möchten wir auch, dass Sie daran teilnehmen.“

„Sie verstehen nicht. Ich bin Profi in Sachen Kunst. Kein Teilnehmer einer Maltherapie in irgendeiner Klinik. Sei sie auch in Düsseldorf. Ich male, weil es mein Metier ist.“

„Sie haben in der Therapie mit dem Malen begonnen. Daher könnten Sie ihr Talent ja auch hier ausleben.“

„Moment. Das ist eine Lüge!“
„Sie meinen?“

„Dass ich das malerische Handwerk in der Psychiatrie erlernt hätte, ist gelogen.“

„Und wo haben Sie ihre künstlerischen Fähigkeiten dann her?“

„Ich bin Autodidakt. Und der Mut fasste mich ebenso wie viele andere pariser Kunststudenten am Place du Tertre. Ich malte mein erstes Bild dort. Schon als Jugendlicher. Alles andere ist Lüge.“

„Nun gut. Dennoch würde ich Sie bitten, es zu überdenken. Seien so doch bitte offen dafür und versuchen Sie es wenigstens.“

„Die Psychiatrie war für mich eine Instanz des Verbrechens.“

„Das möchte ich mit Ihnen nun wirklich nicht

ausdiskutieren."

„Ich auch nicht. Ich bin erschöpft. Ich brauche meine Ruhe."

Professor Vogt schaute ihm noch einmal in die halb geschlossenen Augen. Er verstand, dass er hier im Moment nicht weiterkommen würde. „Dann erholen Sie sich mal. Auf Wiedersehen." Er drehte sich um und wollte gehen.

Claude richtete sich halb auf. „Eine Frage noch: Wieso bin ich in Düsseldorf?"

Der Doktor überflog nochmal kurz seine Notizen. „Wenn ich ehrlich bin, frage ich mich das auch, wie Sie von Saarbrücken nach Düsseldorf gekommen sind."

Aber Claude bekam die Antwort schon nicht mehr mit. Sein Oberkörper war wieder zurückgesackt und er war eingeschlafen.

Tags darauf wurde er von Ärzten und Therapeuten regelrecht überrannt. Teilweise erinnerte sein Zimmer Claude an die Bahnhofsvorhalle des Saarbrücker Hauptbahnhofs. Ein behördlich gestellter Gutachter, zwei verschiedene Therapeuten, natürlich der Professor und immer wieder wechselnde Krankenschwestern gaben sich die Klinke seiner Zimmertür in die Hand. Nur die Maltherapeutin, von der ihm erzählt worden war, dass sie eine augezeichnete Künstlerin sei, hatte sich nicht blicken lassen.

Nun, da er sich hatte überreden lassen, an dieser speziellen Therapie teilzunehmen, die ihm, wie er selbst eingestehen musste, damals auf dem Sonnenberg tatsächlich Spaß gemacht hatte, wünschte er, die Dame hätte sich im Vorfeld vorgestellt. In dem Fall wäre er nämlich unter Garantie in seinem Bett liegen geblieben und hätte sich ganz sicher nicht hierzu überreden lassen.

Frau Büchner war zwar bestimmt, aber liebenswürdig zu ihren Patienten gewesen. Abgesehen von einer gewissen Anziehung, die aber auch an Claude's psychotischem Zustand gelegen haben könnte, hatte er schon nach kurzer Zeit aufrichtige Sympathie für sie empfunden. Ihr hiesiges Pendant, Frau Uschi Klein, war in jeglicher Hinsicht das komplette Gegenteil.

Claude empfand vom Moment seines Eintretens in den Therapieraum eine tiefgreifende Antipathie für diese Person. Dabei konnte er gar nicht so genau festmachen, woran das lag. Ihr überschminktes, aufgebrezeltes Äußeres wirkte schon recht abstoßend auf ihn. Aber ihre übertriebene Art und der herablassende Umgang mit ihren Patienten hatten auch schon nach Minuten seine Abneigung erregt. Hinzu kam noch ihre schrille Stimme und die Tatsache, dass sie scheinbar vorhatte, ihn einfach so lange zu drangsalieren, bis er irgendwas auf die Leinwand brachte. Dabei machte sie keinen Hehl daraus, dass sie nicht beabsichtigte, seine Expertise auf dem Gebiet in irgendeiner Weise anzuerkennen.

Er saß jetzt schon eine halbe Stunde regungslos vor seiner weißen Leinwand und formulierte im Geiste ein Schmähgedicht auf diese fürchterliche Person. Frau Klein drehte gerade wieder eine ihrer Runden, auf denen sie seiner Meinung nach ihr Bestes gab, sich ihre Verachtung für die wahrhaft dilettantischen Malversuche der anderen Patienten nicht anmerken zu lassen. Jedoch war ihr Bestes nicht sonderlich gut. Demnächst würde sie wieder bei ihm ankommen und ihn in ihrer übergriffigen Art zum Zeichnen auffordern.

„Das machst du schon sehr schön, Stephan. Nur weiter so."

Sie gelangte zu Claude's Nachbarin. „Und was haben wir hier? Mhm, dein innerer Konflikt ist sehr deutlich zu erkennen. Vielleicht versuchst du es mal noch mit einem Gelbton."

Sie baute sich hinter Claude auf. Ihr penetrantes Parfüm, von dem sie viel zu viel aufgetragen hatte, stieg ihm in die Nase. Auch dies trug zu seiner Antipathie bei. „Wie sieht es bei dir aus?"

Noch so ein Punkt. Die Tatsache, dass sie ihn ungefragt von Anfang an geduzt hatte, regte den jungen Maler kolossal auf.

„Ja. Also, ich sehe, dass ich nichts sehe. Gedenken wir, das in naher Zukunft zu ändern?" Und die Art wie sie ihre eigenen Fragen beantwortete. Schlimm. Zugegeben, daran war er selbst vielleicht nicht ganz unschuldig. Aber dieses ‚wir', mit dem sie ihn ansprach, wenn sie ihn nicht duzte, brachte ihn schier zur Weißglut.

„Nun. Ich weiß nicht, was wir zu tun gedenken. Aber ich gedenke, nichts zu tun. Und Sie können gerne darüber spotten, so viel sie wollen."

„So, so. Dann gedenke ich, dass du deine Zeit einfach weiter hier absitzt und dich langweilst. So wie die letzten Tage auch."

„Das hier ist übrigens das Weiß von Beuys." Er zeigte auf seine leere Leinwand. Es gefiel ihm, seine Verbindung zu dem verstorbenen Künstler ihr gegenüber zu erwähnen, da es ihr jedesmal klar anzusehen war, dass sie ihm zwar nicht glauben wollte, aber doch gewisse Zweifel hegte, ob er nicht doch die Wahrheit sprach. Seufzend eilte sie weiter.

„Mareike, meine kleine Maus." Diese Patientin schien sie ganz besonders zu mögen. So sehr, dass sie die hübsche junge Frau offensichtlich auch gern anfasste. Jedesmal, wenn sie hinter ihr stand, massierte sie sanft ihre Schultern oder strich ihr über die Wange. Mareike schien das auch nicht besonders angenehm zu sein. Claude war nur froh, dass sie so etwas nicht bei ihm versuchte. „Was hast du denn heute wieder gezaubert?!" Diese falsche Lache. Abstoßend. „Da schauen wir doch mal. Wow! Du bist ja schon sehr detailverliebt." Claude lehnte sich ein wenig zu ihr herüber, um auch einen Blick auf Mareikes Bild werfen zu können. Auf der Leinwand befand sich nichts, als ein paar dünne Striche. Wild verdrehte er seine Augen und schüttelte den Kopf.

Am nächsten Tag hatte er wieder eine Therapiesitzung bei Prof. Dr. Vogt. Auf bequemen Sesseln saßen sie sich gegenüber. Auch von dem Chefarzt dieser Klinik hielt Claude nicht allzu viel. Immerzu wollte der ihm vorschreiben, was er zu tun und zu lassen habe. Und die Tatsache, dass er von seiner Kollegin Klein nach eigener Aussage eine sehr hohe Meinung hatte, disqualifizierte ihn in Claude's Augen von vornherein für jeglichen Umgang mit Menschen. Dabei sollte doch gerade das in seinem Beruf eine große Rolle spielen. Könnte man zumindest annehmen. Wahrscheinlich war er nur ein weiterer dieser Bürokraten, der hier in der Klinik gar nicht viel mehr tat, als Formulare zu wälzen, um den Krankenkassen seiner Patienten möglichst viel Geld aus den Rippen zu leiern. Als man das Schweigen zwischen ihnen langsam hätte schneiden können, sagte dieser: „Können Sie mir sagen, warum Sie sich nicht an der Maltherapie beteiligen möchten?"

„Ich glaube, das habe ich Ihnen sogar schon gesagt. Ich bin Profi!"

„Darum sind Sie ja auch in einer sehr professionellen Klinik."

„Außerdem hat diese Frau Klein nicht mehr alle Tassen im Schrank. Haben Sie mal gehört, wie die mit den Patienten spricht?"

„Wie wäre es denn, wenn Sie wenigstens mal mit mir sprechen? Oder habe ich auch nicht mehr alle Tassen im Schrank?"

„Ich gehe davon aus, dass Sie sie noch alle haben. Sonst wären Sie wohl kein Chefarzt, sondern, wie die andere da, eine bessere Grundschulkunstlehrerin. Die am liebsten alles per Kartoffeldruck machen würde. Daher würde da eigentlich gar nichts dagegen sprechen."

„Sind Sie der neue Johannes Gutenberg, der den Kartoffeldruck ersetzen möchte?"

Claude hatte schon früher gemerkt, dass der Doktor gerne versuchte, ihn mit extrem albernen, fast schon beleidigenden Aussagen zum Reden zu bringen. Aber nicht mit ihm. Claude hatte ihn direkt durchschaut! Da müsste er schon deutlich früher aufstehen.

„Am liebsten würde ich Sie ersetzen. Sie zwingen mich, hier zu bleiben und mit dieser Frau zu arbeiten. Und jetzt sage ich überhaupt nichts mehr!" Mit diesen Worten presste er fest die Lippen aufeinander und gestikulierte vor seinem Mund herum, als würde er diesen mit einem imaginären Schlüssel absperren, den er anschließend aus dem Fenster warf.

Am Abend lag Claude in Kleidern auf seiner Bettdecke. Er hatte zwar noch nicht vor, zu schlafen, aber es gab hier auch nicht allzu viel für ihn zu tun. Das war ein weiterer Punkt, in dem sich der Klinikaufenthalt hier in Düsseldorf grundlegend von seinem früheren unterschied.

Damals hatte er ein volles Programm, aber vor allem hatte er seine Kunstbücher und die Lust und Bereitschaft zum Malen gehabt. Und einige seiner Mitinsassen und sogar ein paar der Therapeuten gemocht.

Hier war alles scheiße. Angefangen bei den Therapiesitzungen, über die anderen Patienten und das Personal. Scheinbar bekam er hier auch beschissenere Drogen. Er hatte nämlich kaum eine kreative Regung in sich. Keine Lust zu zeichnen. Er wusste gar nicht, wann das das letzte Mal der Fall gewesen war. Gedichte schrieb er auch nur, um seinen Frust ein wenig abzumildern. Das konnte nur an den zahlreichen Tabletten liegen, die sie ihm hier einflößten. „Wer weiß, was sie mir noch in mein Essen und Trinken reinmischen", dachte er bei sich.

Jedoch blieb ihm wohl nichts anderes übrig, als seine Zeit hier abzusitzen. Immer öfter dachte er von seiner Situation hier wie von einem Gefängnisaufent-halt. Dort konnte es auch nicht viel schlimmer sein. Einzig der Gedanke an einen Zellengenossen sprach für die Klinik, da ihm hier wenigstens dieser erspart blieb.

Während er so seinen Gedanken nachhing, klopfte es an der Tür. Er reagierte absichtlich nicht. In aller Regel scherte sich eh keiner, ob man ihn hereinbat oder nicht. Die Höflichkeit ließ hier, wie auch allgemein in der heutigen Gesellschaft, sehr zu wünschen übrig. Überraschenderweise dauerte es dennoch eine ganze Weile, bis sich die Tür öffnete.

„Hallo Herr Schneider!" Die Schwester Maus, erkannte er an ihrer Stimme. Die war nicht ganz so anstrengend wie manch andere. Aber auch sie gehörte zu diesen Verbrechern. Claude starrte weiter regungslos an die Decke.

Sie plapperte einfach weiter: „Ich bringe Ihnen Ihr Abendessen. Ich stelle es hier auf den Tisch."

Als er keine Anstalten machte, in irgendeiner Form zu reagieren, fuhr sie fort. „Gut. Kann ich sonst noch etwas für Sie tun?" Trotz weiterhin ausbleibender Reaktion blieb sie freundlich. Das musste man ihr lassen. „Gut. Dann gehe ich mal wieder. Ich wünsche Ihnen einen schönen Abend."

Kurz darauf hörte er, wie sich die Zimmertür wieder schloss.

Rund zehn Stunden später wiederholte sich diese Situation in nahezu identischer Art und Weise. Der saarländische Künstler war irgendwann über seine Grübeleien eingeschlafen und davor war er auch nur für das Nötigste aufgestanden. Daher fand Hannah Maus, die freundliche Frohnatur, die demnächst ihre Schicht beenden würde, den jungen Mann scheinbar unverändert vor.

„Guten Morgen Herr Schneider. Wie geht es Ihnen?" Sie bemerkte, dass das Essen wohl nicht angerührt worden war. „Oh, hatten Sie keinen Appetit? Essen Sie vielleicht gar kein Fleisch? Da kann ich Ihnen gern für heute Abend das vegetarische Menü hinstellen."

Sie konnte sich nicht wirklich vorstellen, dass der junge Saarländer Vegetarier war. Dieses relativ neue Phänomen war, insbesondere bei Männern, nicht allzu verbreitet. Aber sie hatte gehofft, ihren Patienten eventuell zu einer Reaktion verleiten zu können. Ihre Hoffnung blieb unerfüllt.

„Ja, ja, das Spiel kenne ich schon. Schweigefuchs. Das spielt meine 5-jährige Nichte auch immer mit mir, wenn sie nicht bekommt, was sie möchte."

Claude musste sich beherrschen, ihr nicht wenigstens einen bösen Blick zu-zuwerfen.

„Gut. Dann nehme ich es wieder mit. Sollten Sie etwas brauchen, können Sie sich jederzeit melden. Meine Kollegin wird sich ebenso wie ich bemühen, ihnen jeden ihrer Wünsche zu erfüllen. Ich habe gleich Dienstschluss, hatte die

Nachtschicht übernommen. Vergessen Sie nicht. In einer Stunde haben Sie wieder Maltherapie. Bis morgen!"

Als sie das Tablett aufhob, um es heraus zu tragen, fiel ihr auf, dass ein Zettel unter die Wärmehaube geklemmt worden war. Das nun kalte Essen mit einer Hand balancierend, entfaltete sie das abgerissene Stück Papier, als sie den Raum verlassen hatte. Darauf stand geschrieben: „Ich lasse mich nicht vergiften!"

Claude war fast pünktlich bei der Maltherapie erschienen. Nicht, weil er so viel Lust darauf hatte, sondern weil er bereits die Erfahrung gemacht hatte, dass er sich, wenn er zu spät kam, dann stattdessen stundenlang anhören durfte, dass er so den Zeitpunkt seiner Entlassung nur unnötig nach hinten schob. Wann auch immer der sein sollte.

Er hatte es aber zügig wieder bereut. Diese Uschi Klein war einfach eine Zumutung. Die ‚Geißel der Patientenheit' hatte er sie für sich getauft. Nur schwerlich konnte er sich zurückhalten, sie nicht zu beschimpfen, wenn sie in dieser lächerlichen Art ihre Runde im Therapieraum drehte. Heute war sie offenbar besonders gut gelaunt. Was es für alle anderen besonders schlimm machte. Auf jeden Fall für Claude.

„Sabine! Bezaubernd! Ganz ausgezeichnet, was du da gemalt hast!" Regelrecht frenetisch schrie sie herum. Sie beugte sich zu der Frau, die den Platz gegenüber von Claude inne hatte. „Hat es dir innerlich etwas gegeben", fragte sie verschwörerisch. Sabine schien nicht sicher, was das heißen sollte. Dennoch nickte sie.

„Fantastisch! Dann lasse ich dich mal weitermalen."

Sie näherte sich dem Saarbrücker Künstler.

Schon aus der Entfernung entdeckte sie die Farbe, die auf den Borsten des von ihm hoch erhobenen Pinsels zu sehen war.

„Nein, oder!? Hast du da etwa heute etwas für mich gemalt."

Claude schmunzelte. Sie hatte ja keine Ahnung, wie sehr sie damit richtig lag.

Noch konnte sie nicht auf die Leinwand blicken. „Ja, womit habe ich das denn …"

Sie stockte, als sie bei ihm ankam und sein Gemälde betrachten konnte. „… verdient", stöhnte sie mit verstörter Miene.

Claude hatte ihr ein Bild gemalt. Er hatte sich nicht sonderlich viel Mühe gegeben, dennoch war es wohl detaillierter als alles, was Mareike je zu Papier gebracht hatte. Das Motiv gefiel ihm. Eventuell würde er es wann anders noch einmal malen. Dann mit etwas mehr Sorgfalt. Es handelte sich um einen großen schwarzen Sarg, umringt von mehreren Kreuzen. Auf dem trotz der Einfarbigkeit sehr gut erkennbaren Sargdeckel war in weißer Farbe ebenfalls ein Kreuz aufgemalt und mitten drin stand der Schriftzug ‚freie Meinung'.

Erwartungsgemäß war Frau Klein damit nicht so zufrieden, wie sie vorher vielleicht gemeint hatte. Regelrecht angewidert wandte sie sich ab und ignorierte ihn den Rest der Therapiestunde. Für Claude ein echter Erfolg.

Zwei Tage später saß der junge Maler im Aufenthaltsraum seiner Station der Spezialklinik. Er hatte genug davon, seine Zimmerdecke anzustarren. Daher war er dazu übergangen, sich hier in eine Ecke zu setzen und die Wände anzustarren. Er war sich immer noch nicht im Klaren darüber, wie er seinen Aufenthalt in dieser Anstalt verkürzen könnte.

Sicher, eine Möglichkeit wäre es, sich kooperativer zu zeigen. Allerdings überwog immer noch die Abscheu vor den Therapeuten, weswegen es ihm nicht gelingen wollte, im Gespräch den Eindruck zu erwecken, dass sich eine Besserung bei ihm einstellte. Und die Bilder, die er die letzten Tage gemalt hatte, hatten Frau Jung auch nicht allzu sehr begeistert. Was damit zusammenhängen mochte, dass die Motive eher düster und feindselig ausfielen.

In dem Moment wurde die sonst recht angenehme Ruhe, die hier herrschte, von der freundlichen Krankenschwester Frau Maus unterbrochen. Diese führte scheinbar einen Neuzugang herum.

„So, Linda. Und das hier ist der Aufenthaltsraum. Wie du siehst, kannst du hier verschiedene Dinge machen, wie Kuchen essen, spielen, lesen oder dich mit anderen Patienten unterhalten. Das macht richtig viel Spaß! Versprochen!"

„Dankeschön, dass sie mir das alles zeigen, wie lieb von ihnen."

Der irgendwie unaufrichtige Unterton in der verrucht klingenden Frauenstimme ließ Claude aufblicken. Das war mal ein erfreulicher Neuzugang. Die Frau, die ungefähr in seinem Alter sein dürfte, sah ganz schön gut aus. Sie war sehr elegant gekleidet und recht stark geschminkt. Obwohl Claude solche Äußerlichkeiten für gewöhnlich eher negativ auffielen, musste er zugeben, dass dies ihr Äußeres perfekt in Szene setzte.

„Sehr gerne", erwiderte Hannah Maus. „Wenn du möchtest, lass' ich dich jetzt allein und du verbringst etwas Zeit mit den anderen. Was meinst du?"

„Oh ja, sehr gerne." Das klang aufrichtiger. „Wenn Sie mich suchen, ich bin hier."

„Prima."

„Eins noch", Linda stoppte die Pflegerin. „Vielen Dank. Sie sind sehr nett."

„Ach, das ist doch mein Job! Bis später." Winkend verließ sie den Raum.

Linda schaute sich um und beäugte die anderen Patienten, die hier saßen und lasen. Sie bemerkte den scheuen Blick, mit dem Claude sie betrachtet hatte, bevor er sich wieder zur Wand wegdrehte. Schnurstracks kam sie zu ihm und setzte sich daneben.

„Hey, wie geht's? Ich bin Linda." Claude drehte sich zu ihr, blickte sie aber nur stumm an. Die Neue schien das als Aufforderung aufzufassen, ihm noch mehr auf die Pelle zu rücken. Sie beugte sich zu ihm. „Ich kann dir sagen, ich bin froh, dass die weg ist", flüsterte sie fast. „Wir werden hier alle verfolgt. Kein Spaß! Die glauben, ich wär so eine Verschwörungstheoretikerin! Dabei seh' ich ganz klar. Ich sehe auch, was man hier machen kann. Nämlich eigentlich gar nichts. So wie du."

Claude blickte ihr weiter in die Augen, ohne etwas zu sagen oder eine Miene zu verziehen. Er wunderte sich selbst, dass ihm diese Nähe nicht unangenehm war.

„Haben sie dir die Zunge rausgeschnitten, oder warum redest du nicht? Das könnte ich mir vorstellen. Kneif dein rechtes Auge zu, wenn ich richtig liege."

Es kostete den Saarländer einiges an Selbstbeherrschung, dies nicht zu tun. Nach einer kurzen Pause, wahrscheinlich um sein Zeichen abzuwarten, fuhr sie fort. „Oder bist du genauso scheiße drauf wie ich, weil es hier keinen Kaffee gibt? Hier gibt's einfach nix Schnelles! Uns aber dann Tabletten verabreichen, na herzlichen Glückwunsch!"

Der junge Mann konnte ihren Ausführungen zwar

nicht wirklich folgen, aber irgendwie war sie
ihm in ihrer rebellischen Art hochsympathisch.
Mit einem leichten Lächeln auf den Lippen, sagte er: „Espresso. Bringen sie mir bitte einen
Espresso.“

Linda legte ihm eine Hand auf die Schulter.
„Na, wem sagst du das?!“

In der Folge unterhielt sich Claude zögerlich
mit der jungen Dame, die auch zur Maltherapie
eingeteilt worden war, wie sie erzählte. Einmal berichtete sie ihm, sie sei Sängerin, dann
sollte sie doch wieder Schauspielerin sein. Was
davon auch immer stimmte — es war ja auch durchaus möglich, dass das auf beides zutraf — er
spürte, dass sie auch Künstlerin war.

Da hatte er wieder an Joseph denken müssen.
Seinem verstorbenen Freund zufolge, waren ja
alle Menschen auf ihre Art Künstler. Claude
hatte daran gewisse Zweifel. Er hatte mittlerweile so einige Mitmenschen erlebt und bei manchen konnte er sich einfach nicht vorstellen,
dass sie in der Lage wären, ernsthaft etwas
zu erschaffen. Ihre Welt zu gestalten. Manche
Menschen waren heutzutage reine Konsumenten.
So hatte er es für sich erklärt. Leute, die
keinerlei Interesse hatten, selbst irgendetwas Produktives jenseits dessen zu tun, was
sie durch ihren Beruf oder ihre Lebensumstände
zwingend machen mussten. Die vollauf zufrieden
waren, das zu konsumieren, was andere erschu-
fen. Und manch einer tat noch nicht einmal das.

Linda war anders. Linda veränderte die Welt
allein mit ihren Worten. Manchmal benötigte
sie dazu sogar nur Blicke. Böse Zungen würden
behaupten, sie manipuliere ihre Mitmenschen.
Claude fand, dass dazu immer mindestens zwei
Personen nötig waren. Einer, der vermeintlich

manipuliert und einer, der sich manipulieren
lässt. Daher war nach seiner Auffassung jeder
selbst schuld, der es mit sich machen ließ.

Heute hatten sie ihre erste gemeinsame Maltherapie-Stunde. Claude legte dennoch Wert darauf,
seine eigene kleine Tradition zu pflegen und so
ein paar Minuten zu spät zu kommen. Scheinbar
hatte der Kurs bei seinem Eintreffen aber noch
nicht richtig begonnen, die anderen saßen nämlich noch untätig vor ihren Staffeleien. Auch
Linda. Diese wurde bei seinem Eintreten gerade
intensiv beäugt von ihrer schrecklichen Therapeutin.

„Hallo Linda!" Die aufgebrezelte Frau ignorierte Claude, wie sie es meistens tat. Eine
der besten Errungenschaften, seit er hier war.

„Du bist heute ja zum ersten Mal hier bei uns.
Herzlich willkommen", krächzte sie Linda regelrecht ins Ohr. Diese lehnte sich etwas weg von
ihr. „Dankeschön. Ich möchte aber keine Umstände bereiten."

„Aber, aber. Du bereitest doch keine Umstände.
Ein jeder hat das Recht, hier zu sein."

„Ja, so kann man das wohl auch sagen. Claude
hat mir schon von Ihnen erzählt."

Mit einem tonlosen „Oh!" auf den Lippen drehte
sich die Frau zu Claude hin, der sie ausdruckslos anstarrte, aber wenigstens einmal seine Augenbrauen hüpfen ließ.

„Halb so wild", tat die Jüngere ihre Bedenken
ab. „Was ist denn die heutige Aufgabe?"

Die Therapeutin strahlte. „Ich würde dich bitten, dass du …"

„… aus einem Tintenfleck einen Schmetterling
faltest", fiel ihr die andere ins Wort. Das
Strahlen verschwand vom Gesicht der Unterbrochenen. Sie wusste gerade nicht, was sie dazu
sagen sollte.

„War nur 'n Witz", beruhigte Linda sie. Claude musste unwillkürlich lächeln. Ihre Blicke trafen sich. Ohne den Blick von ihm abzuwenden, sagte Linda zu Frau Klein: „Ich probiere gerne alles aus, was Sie mir vorschlagen. Ich bin ja nicht so ein Arbeitsverweigerer wie der da drüben." Sie nickte in seine Richtung und zwinkerte ihm lange zu.

Die Therapeutin hatte sich wieder gefasst und meinte nur: „Das will ich doch schwer hoffen." Und wieder zu Claude gewandt, sprach sie in einem hochgradig albernen Singsang: „Clauhaude, sag doch mal Halloho!"

Dieser verschränkte demonstrativ die Arme und verdrehte die Augen, dass es fast schmerzte, ehe er wieder Blickkontakt mit Linda herstellte.

Später am Tag saßen die beiden jungen Patienten sich im Aufenthaltsraum gegenüber, zwischen sich ein frisch aufgebautes ‚Mensch ärgere dich nicht' – Spielbrett. Sie wollten gerade auswürfeln, wer anfangen darf, als Linda den Würfel nachdenklich zwischen ihren Fingern hin und her rollte und endlich fragte: „Sag mal, warum malst du eigentlich nicht? Kannst du es nicht. So toll malt ja keiner von uns. Es verlangt ja auch niemand Kunstwerke."

„Oh doch, und ob ich das kann. Ich bin von Beruf Maler. Ich bin Künstler!"

Mit erstauntem Blick musterte sie ihn. Er hatte das Gefühl, dass sie den Wahrheitsgehalt seiner Aussage taxierte. Und war froh, dass es die Wahrheit war. Er glaubte nicht, dass er in der Lage gewesen wäre, ihr einen Bären aufzubinden.

„Ja, dann sollte es doch ein Leichtes für dich sein. Und dein Material wird dir kostenlos zur Verfügung gestellt. Mal doch mal irgendwas, sonst kommst du noch aus der Übung."

„Da bin ich immer drin", kam von ihm wie aus der Pistole geschossen.

„Je mehr du malst, desto schneller kommst du hier raus. Das hab ich aus meinen Klinikaufenthalten gelernt. Wenn auch sonst nicht viel."

„Das mag ja sein. Aber bei dieser … Elfe male ich gar nix. Das wäre Blasphemie gegen meine Gottesaufgabe, wenn ich hier auch nur einen einzigen Punkt malen würde."

„Ich sag's ja nur." Die Frau schüttelte den Würfel ein paar Sekunden in der Hand und warf ihn. Eine Vier. „Oder hast du als … kranker Maler nichts mehr zu sagen?" Mit seitlich angewinkeltem Kopf schenkte sie ihm einen ihrer abschätzigen Blicke.

Claude krallte sich den Würfel. Während er seinerseits das Spielgerät in der Hand kreisen ließ, sagte er: „Fräulein, pass nur auf. Ich bin kerngesund!" Er würfelte eine Fünf. „Und gleich zieh' ich dich hier mal nach allen Regeln der Kunst ab, du wirst dich quasi totärgern!"

Mit einem breiten Lächeln und einem regelrecht verführerischen Blick, antwortete sie: „Vorsicht! Totgeglaubte leben länger."

Wieder schnappte sich Claude den Würfel und fing eifrig und mit großer Geste an zu spielen. Dabei konnte er sich ein, hier sehr selten gewordenes, Lächeln nicht verkneifen.

Nach ein paar Runden Brettspiele, von denen er die Wenigsten gewonnen hatte, gab es für Claude noch eine wie immer sehr unangenehme Einzeltherapie. Sein Vorhaben, überhaupt nichts mehr zu sagen, hatte er über Bord geworfen, aber er glaubte nicht, dass seine Therapeuten mit den trotzig hingeworfenen Satzfetzen besonders viel anfangen konnten.

Als er anschließend endlich in sein Zimmer gelassen wurde, hatte er sich direkt daran gemacht, die notwendigen Werkzeuge zusammen zu suchen, die er zum Zeichnen brauchen würde. Also eigentlich nur Blätter und Stifte. Da es hier in dieser selbsterklärten Spezialklinik wesentlich strenger zuging als seinerzeit auf dem Sonnenberg, schien dieses Vorhaben leichter als es tatsächlich war. Er hatte einen Bleistift im Zimmer, was zur Not gereicht hätte, aber ein bisschen Farbe wäre schon schön gewesen. Problematischer allerdings gestaltete sich seine Suche nach einfachem, unbeschriebenem oder unbedrucktem Papier. Es gab einfach keins. Eventuell hätte ihm die Stationsschwester welches geben können, aber die wollte er nur im äußersten Notfall fragen. Die würde ihn bestimmt an Frau Klein verpetzen und das wollte er auf keinen Fall. So schlurfte er unauffällig zurück in den Gemeinschaftsraum, in dem sich um diese Uhrzeit für gewöhnlich niemand mehr aufhielt. So auch jetzt. Zielstrebig näherte er sich dem sehr bescheiden ausgestatteten Bücherregal. Er hatte bereits vorher einen Blick hinein geworfen, aber keins der Bücher hatte so weit sein Interesse geweckt, dass er es hätte lesen wollen. Überhaupt hatte er noch nie eine so wild über alle Genregrenzen hinweggewürfelte Ansammlung von Schund gesehen. Ihm war ja durchaus bewusst, dass die Menschen in der modernen Gesellschaft nicht mehr allzuviel Wert auf die alten Tugenden und den Tiefgang der klassischen Literatur legten. Aber es hatte ihn schon ein bisschen schockiert, was heutzutage so gelesen wurde. Dafür hatte es völlig genügt, sich die Titelseiten anzusehen. Viele Fotos oder fotorealistischer Kitsch und wenn dann tatsächlich

mal ein Buch klassisch illustriert war, waren
es eigentlich immer völlig übertrieben darge-
stellte menschliche Körper. Ein Buch hatte kurz
seine Aufmerksamkeit erregt, weil es ihm so fehl
am Platze vorkam. Ein Tagebuch. Und zwar nicht
das eines berühmten Menschen oder so, sondern
eins, dass man selbst füllen sollte. Was sollte das in der Leseecke eines Aufenthaltraums?
Er ging davon aus, dass der Grund dafür, sowie
für die erschreckende Diversität der Romane,
der war, dass es sich um Buchspenden oder die
Überbleibsel einer Wohnungsauflösung oder der-
gleichen handelte.
Dieses Buch, das er nie aufgeschlagen hatte,
war ihm auf seiner fieberhaften Suche nach einem
Medium, das er bemalen können würde, eingefallen. Er nahm es aus dem Regal und ein Lächeln
durchfuhr seine Züge, als er den klassischen,
mit Goldrand geprägten Einband aufschlug und
bis auf wenige Ausnahmen, leere Seiten vorfand.
Auf dem Weg hinaus fiel ihm im Vorübergehen noch
etwas auf. Auf der Ablage eines Spiegels, der
über einem kleinen Waschbecken neben dem Ausgang angebracht war, lag ein aufgedrehter Lippenstift. Wie praktisch. Claude zögerte nicht,
nahm ihn auf und drehte ihn zu. Yves St. Laurent,
ganz schön edel. Ganz kurz hatte er den Anflug
eines schlechten Gewissens, da die rechtmäßi-
ge Besitzerin dieses teure Stück sicher früher
oder später vermissen würde, aber schließlich
hatte sie ihn auch achtlos hier liegen lassen.
Mit diesen Errungenschaften bewaffnet eilte er
zurück in sein Zimmer. Dort stellte er sich
den Bettwagen so zurecht, dass er einigermaßen
aufrecht sitzend darauf würde malen können. Er
trennte vorsichtig von der Mitte her beginnend
die Doppelseiten aus dem Tagebuch und legte
los. Zunächst nur mit Bleistift. In Windeseile

hatte er ein stilisiertes Gittertor zu Papier gebracht, das er anschließend mit allerlei Beiwerk ergänzte.

Ein paar Zimmer weiter klopfte es gerade an der Tür. Höflich wartete die klopfende Person darauf, dass man sie hereinbat. Linda tat dies unverzüglich. Es war Hannah Maus, die fröhliche Krankenschwester. Sie machte gerade ihre Runde für die abendliche Medikamentenausgabe, hatte Claude nicht in seinem Zimmer angetroffen und beschlossen, dann zuerst die junge Frau zu versorgen, ehe sie es wieder bei dem Saarbrücker versuchen würde.

Während sie gerade die Tabletten richtete und Linda schonmal ein Glas Wasser einschenkte, fragte diese: „Wie kann man bei solch einer Arbeit so freundlich bleiben?"

Hannah sah auf. „Die Arbeit macht mir Spaß!"

„Nein, ich meine es ernst. Ich war schon in ein paar Kliniken. Wie schafft man es, nicht selbst verrückt zu werden?"

„Ganz einfach. Ich helfe Menschen und stelle mich ihren Ängsten. Und in aller Regel werden die Patienten auch wieder gesund. Dann habe ich etwas Gutes getan. So, hier sind ihre Medikamente. Hübsch vorbereitet. Bitteschön!" Mit diesen Worten überreichte sie Linda die kleine Dose, in der die verschiedenen Tabletten lagen, die sie vor dm Schlafen gehen einnehmen sollte.

„Danke." Linda nahm das Döschen entgegen und stellte es auf ihren Nachttisch. Im Wegdrehen raunte sie so leise, dass Hannah es nicht hören konnte: „Heuchlerin!"

„So, dann lass' ich sie mal für heute in Frieden."

„Ach, kein Problem, sie können gerne noch ein Weilchen bleiben."

„Das ist lieb. Aber ich muss mich ja auch noch um die anderen Patienten kümmern.“

„Und hier gibt es natürlich auch keinen Kaffee, nicht wahr?“ Der findigen Patien-tin war aufgefallen, dass die Schwestern und insbesondere Fräulein Maus im Nachtdienst Unmengen von Kaffee zu sich nahmen. In ihrem Schwesternzimmer stand immer eine große Thermoskanne, gefüllt mit dem kostbaren Getränk, das Linda mittlerweile nahezu körperlich vermisste. Leider war das Schwesternzimmer immer gut verschlossen, wenn sich gerade keiner darin befand. Das hatte Linda längst ausgetestet. In einer Nacht hatte sie gedacht, sie hätte das große Los gezogen, als tatsächlich die Tür bei ihrem Versuch nachgab, aber da hatte sich auch gleich die Schwester gemeldet, die sich, von ihrer Position aus nicht sichtbar in einer Nische gerade die Hände gewaschen hatte. Linda war schnell wieder den Gang hinuntergeschlüpft, wobei sie leise vor sich hin geflucht hatte. Aus irgendeinem Grund wollten sie ihr hier einfach keinen Kaffee geben. Hatte wahrscheinlich auch etwas mit den Drogen zu tun, die sie einem hier einflößten. Vielleicht vertrugen die sich nicht mit Koffein. Das war glücklicherweise nicht in jeder Psychiatrie so gewesen, in der sich Linda schon wiedergefunden hatte.

„Ja, tut mir leid. Sie dürfen in der Klinik leider keinen Kaffee bekommen.“

„Das ist wirklich schade.“ Linda drehte sich mit einem traurigen Blick zu der Angestellten. „Wissen sie, ich habe früher mit meiner verstorbenen Mutter an ihrem Geburtstag immer Kaffee getrunken. Und morgen wäre ihr Ehrentag.“

„Oh wirklich?“ Hannah wirkte fast gerührt. Das könnte klappen. „Ja, wirklich“, entgegnete Linda und versuchte, ein Tränchen zu verdrücken. Fast hätte sie es geschafft.

„Netter Versuch!" Die Rührung war gänzlich aus der Miene der Schwester verschwunden. Ein überlegenes, aber freundliches Lächeln hatte sich stattdessen dort eingefunden. „Aber keine Chance!" Sie verließ das Zimmer. Linda ging ihr fassungslos einen Schritt hinterher. Ihr Blick fiel auf das Kreuz samt Heiland, das über ihrer Tür hing. „Die Welt ist so schwarz-weiß geworden", sagte sie in Richtung Jesus. „Wo sind nur all die Farben hin?" Sie verharrte eine Weile mit erhobenem Blick, wobei auch die Träne, die sich eben nicht hatte lösen wollen, über ihre Wange kullerte. Fast wäre sie erschrocken, als etwas unter der Tür hindurchgeschoben wurde. Es war ein Blatt Papier. Zu allererst fiel ihr das knallige Rot ins Auge. Da war die Farbe. Sofort hellte sich ihre Miene auf. Sie wusste, von wem dies kam. Sie warf einen letzten Blick auf den Gekreuzigten und begann, den Rest der Zeichnung eingehender zu studieren.

Es handelte sich um eine Art Lageplan. Es waren eindeutig verschiedene Zimmer zu erkennen, die mit scheinbar zusammenhanglosen Begriffen wie ‚Zeit' oder ‚Images' beschriftet waren. Auf den Wegen dazwischen und um das Gebäude herum waren Phantasieobjekte zu sehen, die an Augen oder an Blu-men erinnerten. Ein wiederkehrendes Motiv war eine Spirale, die mal rund und mal eckig gezeichnet worden war. Eine rote Linie zog sich quer durch das Wirrwarr Richtung Ausgang. Wie auf einem Fluchtwegeplan, wie sie auf den Gängen hingen. Oder einem Fluchtplan, schoss ihr durch den Kopf. Sie musste laut lachen.

Die Kreativität hatte Claude wieder gepackt. Er hatte die halbe Nacht durch-gezeichnet und hatte sich auch nach dem Frühstück direkt wieder ans Werk gemacht. Kurz war er enttäuscht gewesen, dass Linda ihn nicht auf sein Geschenk angesprochen hatte. Aber ihr Blick, der beim Frühstück nahezu durchgehend auf ihm ruhte, sagte ihm, dass es ihr gefallen hatte. Auf dem Weg vom Essensraum zurück ins Zimmer hatte er einen Blick in den Maltherapie-Raum geworfen. Er wollte nicht bis zum Nachmittag warten, um dort nach Buntstiften Ausschau zu halten. Vielleicht war ja jemand darin. Und hoffentlich wäre es nicht Frau Klein. Aber er hatte ausgesprochenes Glück. Die Stationsschwester war gerade dabei, dort ein wenig aufzuräumen und hatte Claude's Bitte, sich nach Stiften umsehen zu dürfen, stattgegeben. Schnell war er fündig geworden, hatte sich artig bedankt und ihr eine kleine Zeichnung versprochen. Jetzt saß er an dem Tischchen in seinem Zimmer und bemalte eine Buchseite nach der anderen. Das Heraustrennen war ihm zu mühselig geworden, also malte er einfach kleinere Motive. Die Buntstifte hatte er noch nicht verwendet, das intensive Rot des Lippensitfts gefiel ihm besser. Die Tür öffnete sich zaghaft, ohne dass jemand angeklopft hätte.

Linda schob sich geheimnistuerisch durch den Spalt. „Hey, ich sehe du malst wieder!?"

Claude hielt noch den Lippenstift in der Hand. Das Buch lag aufgeschlagen vor ihm auf dem Tisch. „Weiß nicht. Kann sein."

Die nun wieder verschlagen lächelnde, gut aussehende Frau zog ein Blatt aus der Gesäßtasche ihrer engen Jeans und faltete es auf. Es war die Zeichnug, die er ihr unter der Tür hindurchgeschoben hatte. „So, so. Und nach deiner langen künstlerischen Schaffenspause ist dein erstes, neues Kunstwerk für mich?!"

„Scheint ganz so."

„Danke, ich fühle mich geehrt. Und ich finde, du hast wirklich Talent. Vielleicht solltest du wieder richtig anfangen. Und zwar nicht hier bei den Hobbymalern, sondern bei denen da draußen. Um der Welt zu zeigen, was du zu sagen hast.“
„Ja, das ist ein Plan!“
„Dann sind wir ja einer Meinung.“ Und mit diesen Worten drückte sie ihm ganz unvermittelt einen Kuss auf die Wange. Eine wohlige Wärme breitete sich von dem Punkt aus und durchströmte den ganzen Körper des völlig überrumpelten Künstlers. „Magst du Kaffee“, schob sie hinterher.
„Was?“ Claude konnte gerade nicht folgen.
„Ob du Kaffee magst. Ich hab welchen auf meinem Zimmer.“ Sie packte seine Hand und zog ihn vom Stuhl hoch.
„Wie bist du denn an den gekomm …“ Er verstummte mitten im Wort, da Linda angefangen hatte, an ihrer an der Vorderseite verschnürten Bluse zu nesteln und diese gerade zur Seite glitt, wodurch ihre Brüste zum Vorschein kamen. Üppige, wunderschön geformte Brüste. Ihre Brustwarzen waren bereits leicht aufgerichtet.
„Das erzähl‘ ich dir, wenn wir ihn trinken. Und dann kannst du mir erzählen, ob die rote Farbe auf dem Bild von deinem Lippenstift stammt.“ Während sie das sagte, schmiegte sie sich immer näher an ihn, so dass er durch den Stoff seines Hemds schon die Wärme ihrer Brüste spüren konnte. Sie deutete auf den Lippenstift in seiner Hand.
„Oh, den hab ich im Aufenthaltsraum gefunden“, stammelte der Mann.
Ihr Gesicht kam dem seinen immer näher. Längst konnte er ihren Atem spüren. „Wusstest du, dass Karl Lagerfeld seine Entwürfe auch mit Yves St. Laurent - Lippenstiften anfertigte“, hauchte sie, als sie nach seiner Hand griff. Der Lip-

penstift, den er noch immer in der anderen gehalten hatte, glitt zu Boden. Sie warf einen Blick in den Gang vor seinem Zimmer. „Kommst du?"

Und Hand in Hand glitten sie kichernd den Gang entlang zu ihrem Zimmer.

Linda hatte ihm eine Menge gegeben. Und dabei war das Offensichtliche noch fast das Geringste. Nur Kaffee hatte es keinen gegeben. Sie hatten sich lange in ihrem Bett vergnügt und aneinander geschmiegt dagelegen. Mit ihr war es gänzlich anders gewesen als mit Gabi. Alles war ungezwungen und verspielt. Sie hatte ihm Dinge gezeigt, die er sich kaum hatte vorstellen können. Er war nicht müde geworden, ihren perfekten Körper mit allen Sinnen zu erfassen.

Und nicht nur in diesem speziellen Kontext hatte Claude eine Menge von ihr gelernt. In der Folge hatte sie ihn regelrecht unterrichtet, wie sie es schaffen konnten, möglichst schnell aus der psychiatrischen Klinik zu verschwinden. Der Fluchtplan, den er ihr symbolisch gezeichnet hatte, war in ihrem Verstand schon längst da gewesen. Und das keineswegs abstrakt. Sie hatte konkrete Vorstellungen, was sie zu sagen und was sie zu tun hatten, um den Eindruck zu erwecken, keine geschlossene Therapie mehr zu benötigen. Dabei hatten ihre Erfahrungen aus mehreren Klinikaufenthalten geholfen. Er hatte nie gefragt, wie oft sie schon in der Psychiatrie gewesen war. Genauso wenig hatte er sich nach den Gründen erkundigt. Im Gegenzug hatte sie nicht nach seiner konkreten Erkrankung gefragt. Es spielte keine Rolle. Sie hatten sich gefunden und das war in dem Moment das einzige, was zählte und was sie brauchten.

Tatsächlich waren sie nach wenigen Wochen entlassen worden. Claude durfte etwas früher raus, hatte aber gewisse Auflagen zu erfüllen, was seine Medikation und die weitere psychotherapeutische Begleitung anging.

Sie hatten vereinbart, dass er sie abholen komme, sobald es bei ihr so weit war und er hatte am fraglichen Tag mit einem großen Strauß Blumen vor der Tür auf sie gewartet und sie nach Saarbrücken mitgenommen. Dort hatten sie nach einer Weile eine Wohnung bezogen und genossen dort ihre gemeinsame Zeit.

Claude hatte nicht damit gerechnet, je wieder so glücklich zu sein. Linda ergänzte ihn perfekt. Sie hatte so viel mehr Lebenserfahrung gesammelt als er und fand sich mit traumwandlerischer Sicherheit in der, dem Künstler oft zu kalt und oberflächlich erscheinenden, Welt zurecht. Außerdem hatte sie das angeborene Talent, dass Menschen ihr förmlich aus der Hand fraßen. Dabei spielte es auch keine Rolle, ob Mann oder Frau. Wenn sie sich etwas in den Kopf setzte, fand sie Mittel und Wege, dass die Leute ihr halfen, ihre Wünsche in die Tat umzusetzen.

Sie ihrerseits verehrte ihren höchstpersönlichen Künstler regelrecht. Claude hatte sich noch nie so wertgeschätzt gefühlt, seit er Joseph in Düsseldorf besucht hatte. Durch ihren Zuspruch und ihre Motivation beflügelt, produzierte der Maler Kunst auf höchstem Niveau und gemeinsam schafften sie es auch regelmäßig, diese zu vermarkten.

Und nicht zuletzt machte sie einen hervorragenden Espresso. Die Quelle ihrer Kaffeebohnen hatte sie ihm noch nicht verraten, aber er war zuversichtlich, ihr diese noch entlocken zu können. Sie hatten sich eine dieser modernen Kannen zugelegt, mit denen die Zubereitung ein Kinderspiel war.

Claude dachte darüber nach, dass er mal wieder dringend einen Koffeinschub brauchte, als er in seinem Atelier-Zimmer an der Staffelei saß und gerade im Begriff war, ein weiteres, großes Gemälde fertig zu stellen.

An den Wänden um ihn herum, aber auch an der Decke hingen einige seiner Gemälde, aber auch Bilder anderer Künstler. Um ihn herum war für seine Verhältnisse alles recht geordnet. Bücher über Kunst standen in Regalen links von ihm. Zeichnungen, Entwürfe und andere Papiere in offenen Fächern rechts von ihm. Auf einem farbverschmierten Tisch an der Wand hinter der Staffelei standen Farbtuben und Kisten mit anderem Zubehör. Als Palette diente ihm ein gläserner Teller. Linda hatte diese Dinger angeschleppt, hatte aber nicht mit seiner Abneigung gegen solch neumodischen Kram gerechnet. Er hatte ihr erklärt, dass er einfach nicht von solchen Tellern würde essen können. Aber er habe schon eine Verwendung im Sinn. Und er beglückwünschte sich noch immer zu seiner Idee. Er hatte keine Ahnung, wie er früher mit einer anderen Farbpalette hatte arbeiten können.

So langsam sank sein Koffeinspiegel bedenklich in den Keller. Aber im Moment würde er nicht aufstehen können. In dieser Phase wollte er seine Arbeit nicht unterbechen. Er würde ohne Espresso auskommen müssen. Wenn doch nur Linda zuhause wäre. Da hörte er auch schon die Haustür ins Schloss fallen, gefolgt vom Knarren der Schritte seiner Liebsten auf dem Dielenboden. Glücklich lächelte er. Die schöne Frau legte ihre Jacke und die Tasche ab und spähte irgendwie angespannt in sein Zimmer. Als er sie vor dem fast fertigen Gemälde sitzend anstrahlte, fing auch sie an, breit zu lächeln.

„Na, Schatz?" Sie näherte sich und küsste ihn.

„Magst du vielleicht einen Espresso?“ Triumphierend hielt sie den Beutel mit Bohnen hoch,
die sie wohl gerade besorgt hatte.

„Du liest doch wieder meine Gedanken. Muss
sein!“

„Wie sieht‘s aus? Bist du fleißig?“
„Mein Pinsel ist fleißig. Und ich auch.“

„Bin gleich wieder da“, versprach sie und verschwand in der Küche. Als sie kurz darauf mit
zwei Espresso-Tässchen wieder zurückkehrte,
stand ihr Freund vor der Leinwand, beäugte diese intensiv, malte noch zwei Striche und wechselte dann den Pinsel. Er signierte sein jüngstes Werk.

„Dr. Zorro“, fragte Linda unsicher.
„Ja“, antwortete ihr Freund ernst. „Claude Jaté
war ein Phantasieprodukt. Claude Jaté ist tot.“

Kurz erschien eine kleine Furche zwischen den
Augenbrauen seiner Freundin.

„Dein Espresso wird kalt.“ Sie streckte ihm
seine Tasse entgegen.

Mit feierlicher Geste nahm ihr Klaus-Dieter
beide Tassen ab und stellte sie neben sich, um
sie innig zu umarmen. Nach einigen Augenblicken
löste sie sich sanft aus der Umarmung und sie
küssten sich lange und leidenschaftlich.

ENDE

BESETZUNG IM FILM

Benjamin Kelm
Sebastian Müller-Bech
Yvonne Laros
Sarah Stock
Darius Merstein
Aino Laos
Isaac Boateng
Philipp Pertruzzelli
Elisa Wehrle
Frank Wagner
Peter Lang
Estelle Klein
Gaetano Franzese
Viviana Milioti
Marie-Lou Röll-Carrère
Nicole Hartz
Josef Lang
Mariam Habiba Tinetine
Anna Lena Finger-Verbücheln
Beate Petri-Ruth
Birgitta Laska
Peter Baltes
Mils Hollendieck
Carina Weishaupt
Isabelle Thier
Matthis Löw
Sophie Moser
Andreas Bernstein
Niklas Veeck
Susanne Keppner
Stefan Pinkawa
Noa Reinbach
Robert Rosenkränzer
Lena Noß
Renée Michelle Touschong

REGIE

Roman Redzimski

AUFNAHMELEITUNG

Werner Redzimski

TITELSONGS

Claudio Favari — Quand Je Vois Tes Yeux
(c) (p) SAVE MUSIC
Andreas Vogel — Wie Eis Und Feuer

FÖRDERUNG

Ministerium für Bildung und Kultur (Saarland)
Saartoto
Stadt Saarbrücken
Förderverein KulturRegion Saarbrücken e.V.
SHG Klinik Sonnenberg
SGH Sankt Ingbert
Praxis für Osteopathie und Naturheilkunde -
Nicole Hartz
Hämmerles Restaurant
Restaurant Café Kostbar
Kunst & Rahmen Herburger
SCHUHHAUS Gebr. Mammo-Zagarella GmbH
Saarländisches Staatstheater
Uhle Immobilien
Reisenauer & Co GmbH
HBKsaar
DFG
Bostalsee
Weltkulturerbe Völklinger Hütte
Raccookies
Barbarossa Bäckerei
Galerie 48

EIN FILM VON

Roman Redzimski

ROMAN REDZIMSKI

Der Filmemacher Roman Redzimski wuchs in Saarbrücken auf. Schon als Kind interessierte er sich stark für Kinofilme und schnitt seine ersten filmischen Gehversuche mit zwei VHS-Recordern. Im Laufe der Zeit begann er seine Ausbildung als Mediengestalter bei dem TV-Sender SAAR|TV. In dieser Zeit lernte er Kamera, Licht, Ton, Schnitt und Fernseh- regie. Während der Ausbildungszeit bestand die Möglichkeit vor Ort einige Kurzfilme zu produzieren. Später verschlug es ihn zu dem Nachfolgesender CiTi|TV bei dem er einige TV-Produktionen übernehmen durfte.

Auch mit ARD und ZDF liefen einige Zusammenarbeiten. Im Anschluss folgte ein Studium im Bereich Filmwissenschaft. In dieser Zeit wuchs die Zusammenarbeit mit Frank Nimsgern und Elmar Ottenthal. Sowohl im Musical- als auch im Filmbereich entstanden einige Produktionen. Der Langfilm „Frank Nimsgern's SnoWhite", an dem Roman Redzimski ein Jahr lang gearbeitet hatte, durfte leider aus Lizenzgründen nicht veröffentlicht werden, da es eine ARD-Neuverfilmung über den SR gab.

Im Nachgang folgte die Bachelorprüfung, in Zuge dessen ein mittellanger Film mit dem Titel „Love Search" entstanden ist. Dieser Film stellte Beziehungs-Modelle gegenüber, was bei der Hochschule den Abschluss ermöglichte. Mit der Masterprüfung folgte das Buch „Die Trimedialität im Saarland", bei der es um die Zusammenarbeit von Fernsehen, Radio und Internet geht.

Seit diesem Zeitpunkt ist Roman Redzimski in die Filmforschung gegangen und untersuchte Filmästhetik bis heute. Dabei halfen ihm er fahrene Künstler wie Mario Adorf, Paul Verhoeven und andere. Mit diesem erarbeiteten Wissen nahm er die Produktion für den Spielfilm „Verbindung gesucht" in Angriff mit dem Ziel, etwas Neues zu erschaffen.

Die Vita schrieb: Prof. Dr. Thomas Girst. Der ehemalige taz-Korrespondent verwaltet das internationale Kulturmanagement der BMW Group.

www.mediengestaltung-saarland.de
www.renatur.art
instagram.com/save_pictures_official
facebook.com/roman.redzimski

BENJAMIN KELM

Schauspieler und Autor aus Saarbrücken, schrieb das Drehbuch für den Kinofilm „MEIN FREUND BEUYS", der im Sommer 2021 mit ihm in der Hauptrolle als Claude Jaté abgedreht wurde.

Die ersten Erfahrungen als Schauspieler konnte er in der Jugendabteilung des Staatstheaters Saarbrücken sammeln und war anschließend für zwei Spielzeiten am Schauspielhaus Köln. Nach mehreren Workshops hat er zunächst eine Schauspielausbildung in Saarbrücken (acting and arts) sowie in London (Actor's Temple) absolviert. Im Sommer 2017 nahm er bei den „World Championships of Performing Arts" in Los Angeles teil und hat Deutschland im Schauspiel vertreten. Er wurde mit der höchsten Bewertung der Jury sowie dem Industry-Award ausgezeichnet. Zusätzlich hat er ein Stipendium für das „New York Conservatory for Dramatic Arts" erhalten. Am Konservatorium hat er im Mai 2020 seinen Abschluss gemacht.

In verschiedenen Film- und TV-Produktionen hat er bereits mitgewirkt, wie beispielsweise bei „Wissen macht Ah!", im Tatort „Der Pakt" oder in der Serie „Unter Tannen". Er stand für den zweiten Teil des Kinofilms „Immenhof – Das große Versprechen" vor der Kamera, der im Sommer 2022 in die Kinos kam. Mit seiner Improgruppe „sponTat" steht erauch regelmäßig auf der Bühne.

Neben der Schauspielerei ist das Schreiben seine zweite große Leidenschaft. Sein erstes Buch „Nichts ist alltäglich – Kurzgeschichten aus Saarbrücken" ist 2016 erschienen und es wurde mit dem saarländischen Autorenpreis in der Kategorie „Belletristik" ausgezeichnet.

Sein zweites Buch „Ich lese was, was du nicht liest." wurde im Januar 2020 veröffentlicht. In diesem Buch befindet sich eine Sammlung an Texten, die mehr als zwanzig Jahre seines Lebens umfassen. Angefangen mit seiner allerersten Kurzgeschichte über einen kleinen Drachen, den er im Alter von zehn Jahren verfasste, über Gedichte aus seiner Jugend, bis hin zu Notizen, Gedanken und seinem ersten Poetry Slam. Sein drittes Buch „Weit weg von zu Hause der Liebe so nah.", erschienen im Verlag editionWort, ist eine Erzählung über seine Zeit in New York, seine emotionale Achterbahnfahrt, Begegnungen mit Menschen, skurrile Geschichten, prägende Momente sowie die wichtigsten Orte für ihn. „Es ist für mich eine Art Liebesbrief an New York und an alle Menschen geworden, die auch in dunklen Zeiten nie den Glauben an sich und ihre Träume verlieren." Mit dem Solostück dieser Erzählung ist er auch auf der Bühne unterwegs.

www.benjaminkelm.de
instagram.com/benjaminkelm
facebook.com/benjaminkelmofficial

THOMAS BLÄSIUS

Das Buch zum Film „MEIN FREUND BEUYS" und auch das bisher einzige autobiografische über den Künstler Claude Jaté, das Sie in den Händen halten, wurde von dem Autor Thomas Bläsius, nach dem Drehbuch von Benjamin Kelm, mit viel Leidenschaft und in seinem ganz eigenen Stil, geschrieben. Als er von „MEIN FREUND BEUYS" hörte, erklärte er sich sogleich bereit, die Umsetzung in Romanform zu übernehmen.

Thomas Bläsius wurde 1982 in Saarbrücken geboren. Schon während seiner Schulzeit schrieb er immer wieder Kurzgeschichten und veröffentlichte Texte in der Schülerzeitung, für die er auch als Redakteur tätig war. Leider blieb das Schreiben ein Hobby.

Der Diplom-Kaufmann arbeitet heute als Außendienst-Mitarbeiter bei einem großen deutschen Versicherer. Dennoch engagiert er sich seit 30 Jahren für die Junge Bühne Auersmacher, für die er bereits ein Bühnenstück verfasste, das er auch inszenierte und in dem er selbst eine Rolle übernahm.

Seit einigen Jahren schreibt er auch wieder nebenbei an verschiedenen Buch-Projekten. Eines davon, den Urban Fantasy Thriller „107", veröffentlichte er zu Beginn der Pandemie als Episodenstück in Hörbuchform.

Derzeit schreibt er an der Romanfassung seines Bühnenstücks „Mord in der weißen Linde".

www.junge-buehne-auersmacher.de
instagram.com/jungebuehneau1962